भारतीय कला दर्शन

भारतीय कला दर्शन

संपादक

शशिप्रभा तिवारी

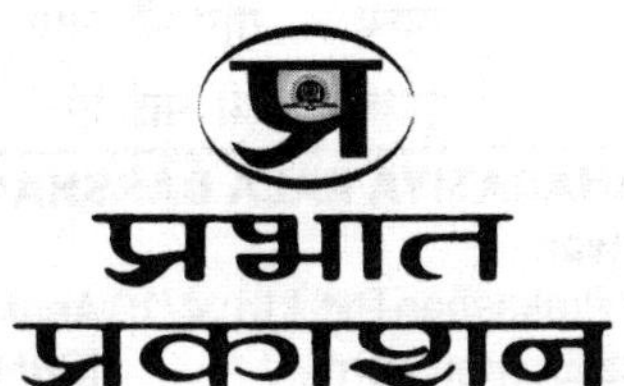

चित्र साभार : इंस्टा एवं पिंटरेस्ट

प्रकाशक • **प्रभात प्रकाशन प्रा. लि.**
4/19 आसफ अली रोड,
नई दिल्ली-110002
सर्वाधिकार • सुरक्षित
संस्करण • 2025
मूल्य • तीन सौ रुपए
मुद्रक • श्री साई प्रिंटर्स, साहिबाबाद

BHARATIYA KALA DARSHAN
Ed. Shashiprabha Tiwari ₹ 300.00
Published by Prabhat Prakashan Pvt. Ltd., 4/19 Asaf Ali Road, New Delhi-2
e-mail: prabhatbooks@gmail.com ISBN 978-93-5266-555-6

भारत की महान् ऋषि
परंपरा को
समर्पित

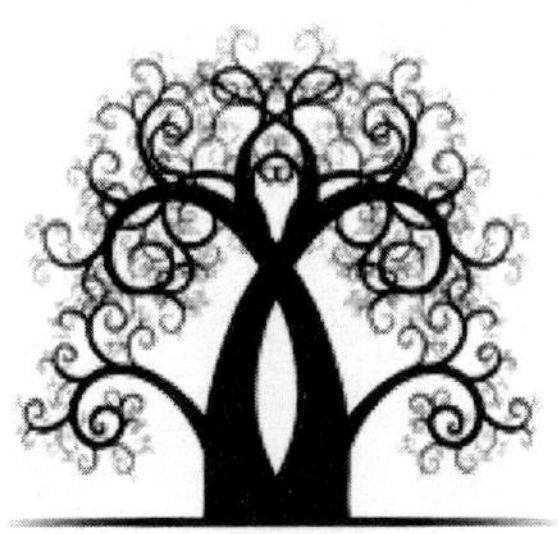

संस्कृति हजारों वर्षों में आती है और हजारों वर्षों तक टिकती है। जन्म-जन्मांतर तक चलती है। जन्म से लेकर अंत तक साथ नहीं छोड़ती, उसका नाम संस्कृति है।

संस्कृति नैमिषेय एक समेकित प्रयास

भारतीय मनीषा ने कला, धर्म, दर्शन, साहित्य के क्षेत्र में अलग-अलग भावों से रचनाएँ की हैं। इनके माध्यम से संस्कृति का अरण्य मनोरम स्वरूप में पुष्पित-पल्लवित हुआ। वास्तव में, संस्कृति मनुष्य की विविध साधनाओं की सर्वोत्तम परिणति है। धर्म के समान 'संस्कृति' स्वीकार्य अमूर्त वस्तु की तरह है। वह समस्त दृश्यमानों, विरोधों में सामंजस्य स्थापित करती है। भारतीय जनता की विविध साधनाओं की सबसे सुंदर परिणति को ही भारतीय संस्कृति कहा जा सकता है। लेकिन समय के साथ बहुत से कारणों से भारतीय जनसमूह उस बड़े उपलब्ध सत्य को आत्मसात् नहीं कर सका है। भारतीय संस्कृति यानी भारतीय श्रेष्ठ व्यक्तियों का सर्वोत्तम हमसे पीछे छूटा। यह एक यक्ष प्रश्न है। इसमें से नैमिषारण्य का बिसर जाना भी एक है। वह नैमिषारण्य, जहाँ से गौतमी नदी बहती थी, जहाँ महाभारत का संपूर्ण वाचन हुआ, जहाँ विष्णुजी का सुदर्शन चक्र गिरा, जहाँ अठासी हजार ऋषि-मुनियों का समागम हुआ। आज संस्कृति नैमिषेय का यही आह्वान है कि हम अपनी संस्कृति से पुनः परिचित होने का समेकित प्रयास करें।

हमारा देश भारत एक विशाल देश है। इसका इतिहास सदियों पुराना है। यह सदियों से विश्व संस्कृति के साथ विकसित हुआ। हमें ज्ञात है कि हमारी संस्कृति मिस्र, यूनान, चीन, मेसोपोटामिया के साथ पल्लवित हुई। इस संस्कृति की अस्मिता को जीवंत रखना हम भारतवासियों का दायित्व है। इसी दायित्व का आग्रह श्रीमद्भगवतगीता में श्रीकृष्ण करते हैं। श्रीकृष्ण कहते हैं कि मुझे भी लोकयात्रा पूरी करनी है। यदि मैं न करूँ तो यह लोक नष्ट हो जाए। शायद वही

आग्रह संस्कृति नैमिषेय आज कर रही है कि लोकसंग्रह के पथ पर ज्ञानी-से-ज्ञानी, विदेह-से-विदेह को अपनी लिए नहीं, बल्कि लोक के लिए चलना पड़ता है और चलना चाहिए भी। इसी में जीवन की सार्थकता भी है। संस्कृति के माध्यम से हम लोक के लिए, लोक से होकर, लोकोत्तर की यात्रा तय करें। यह समय की पुकार है कि अब भी हम अपने संस्कृति के प्रति जागरूक और सचेष्ट बनें।

हमारी संस्कृति परंपरा की निरंतरता, व्यवस्था की निरंतरता, परिवर्तन की निरंतरता, परिमार्जन की निरंतरता और उसकी लोक स्वीकृति की परिणति है। इसका अर्थ यह नहीं है कि संस्कृति में परिवर्तन नहीं होता या परिवर्तन स्वीकार्य नहीं होना चाहिए। सच तो यह है कि भारतीय संस्कृति ने परिवर्तनों को स्वीकारा है, उसे धारण किया है, उसे पोषित किया है, तभी वह अपनी अस्मिता को अक्षुण्ण रख पाई है। इस संदर्भ में एक यथार्थ यह भी है कि एक व्यवस्था विस्थापित हुई और नई व्यवस्था बनती रही है। लेकिन इसमें निरंतरता और प्रवाह बनाने में संतों, मनिषियों, ऋषियों का अद्वितीय योगदान रहा है। ऐसे ही ऋषि भरतमुनि थे, जिन्होंने नाट्य शास्त्र की रचना की और उन्होंने लोक के चिंतन को कला के माध्यम से संस्कृति को नई गति प्रदान की, जो आज हमारी सभी चाक्षुष कलाओं का मौलिक ग्रंथ है। हम सभी के लिए मार्ग दर्शक का कार्य करता है।

दरअसल, भारतीय चिंतनधारा सत्ता को भाव की ओर ले जाने वाली धारा है। तभी तो सबकुछ करने वाले को हम स्व नहीं मानते, बल्कि हम कहते हैं कि हम तो सिर्फ माध्यम हैं, करवाने वाला तो परमेश्वर या परमात्मा है, जो हमारे भीतर बैठकर हमें इस कार्य का हेतु बना रहा है। ऐसे में हमें हमारे सांस्कृतिक पुरुष श्रीराम, श्रीकृष्ण, भगवान् बुद्ध, भगवान् महावीर, संत त्यागराज, संत पुरंदरदास, गुरु नानकदेव, संत लल्लेश्वरी, श्रीमंत शंकरदेव, रामकृष्ण परमहंस, स्वामी विवेकानंद, रमण महर्षि, योगी अरविंद, महात्मा गांधी, डॉ. भीमराव अंबेडकर, आनंदमयी माँ, सभी महान् विभूतियाँ स्मरणीय होती हैं। उन्होंने भारतीय सांस्कृतिक चेतना का शंखनाद किया।

इस अवसर पर मुझे देश के पहले प्रधानमंत्री पंडित जवाहरलाल नेहरू की एक बात स्मरण आती है कि संस्कृति मन, आचार अथवा रुचियों की परिष्कृति या शुद्धि है। भारतीय संस्कृति में एक ओर तो विचारों और सिद्धांतों में हमने अधिक-

से-अधिक उदार और सहिष्णु होने का दावा किया, दूसरी ओर हमारे सामाजिक आचरण अत्यंत संकीर्ण होते गए। अपनी संकीर्णता, आदतों और रिवाजों की कमजोरियों को हम यह कहकर नजर अंदाज कर देना चाहते हैं कि हमारे पूर्वज बड़े लोग थे और उनके बड़े-बड़े विचार हमें विरासत में मिले हैं। लेकिन पूर्वजों से मिले हुए ज्ञान और हमारे आचरण में भारी विरोध है; जब तक हम इस विरोध की स्थिति को दूर नहीं करते, हमारा व्यक्तित्व सँवारा नहीं जा सकता।

इस व्यक्तित्व को सँवारने की जरूरत है। जो कड़ी कहीं कभी टूटी है, उसे जोड़ने के लिए आइए, हम सभी मिलकर संस्कृति नैमिषेय में देश का आह्वान करते हैं कि भारत की अपनी सांस्कृतिक एकता के जरिए विश्व मानवता के साथ एकात्म, प्रेम, शांति, सौहार्द, मित्रता स्थापित हो, हमारी अवधारणा वसुधैव कुटुंबकम् का स्वप्न साकार हो।

—डॉ. चंद्रप्रकाश द्विवेदी

मुंबई
30 नवंबर, 2017

भूमिका

शायर मजरूह सुलतानपुरी का एक शेर है—'मैं अकेला ही चला था जानिब-ए-मंजिल मगर, लोग साथ जुड़ते गए और कारवाँ बनता गया'। सच हम जब सपने देख रहे होते हैं, कोई परिकल्पना कर रहे होते हैं तो अकेले होते हैं। संभवत: नैमिषारण्य के बारे में हमारे विद्वज्जनों ने सपना अकेले ही देखा होगा। लेकिन जब सद्कामना होती है तो ईश्वर और प्रकृति भी हमारे साथ होती है और वह कामना पूरी होती है। कुछ ऐसे ही नैमिषारण्य के संदर्भ में भी सोचा गया और वह धीरे-धीरे अब साकार रूप में 'भारतीय कला दर्शन' पुस्तक के रूप में हमारे समक्ष है।

आज हम विकास के ऐसे मोड़ पर खडे हैं, जहाँ अखिल विश्व हमारे साथ है। इस साथ में देश की एकता, अखंडता, अस्मिता की रक्षा की जिम्मेदारी हर नागरिक की है। अपनी सांस्कृतिक एकता को बनाए रखना भी हमारा साध्य है। हमारा साध्य है, मनुष्य को पशु समान स्वार्थी धरातल से ऊपर उठाकर 'मनुष्यता' के आसन पर बैठाना। हमारा उद्देश्य मनुष्य को दासता, जड़ता, मोह, कुसंस्कार और दूसरों पर निर्भरता, मनुष्य को क्षुद्र स्वार्थ और अहंकार की दुनिया से ऊपर उठाकर सत्य, न्याय और सौहार्द की दुनिया में ले जाना। मानव द्वारा मानव के शोषण को हटाकर परस्पर सहयोगिता के पवित्र बंधन में बाँधना। मनुष्य का सामूहिक कल्याण ही हमारा लक्ष्य होना चाहिए। वहीं मनुष्य का सर्वोत्तम प्राप्त है। इसे प्राप्त करने में हमारे कलाएँ, संस्कृतिकर्मी, साहित्यकार, विद्वत् समूह का सहयोग वांछनीय है। और संस्कृति नैमिषेय की अवधारणा का मूल सांस्कृतिक पुनर्जागरण ही तो है। इस संदर्भ में लेखक व राष्ट्रकवि रामधारी सिंह 'दिनकर'

की काव्यकृति 'रश्मिरथी' की ये पंक्तियाँ उस ओर ही ध्यान आकृष्ट करती हैं—

कवि, कोविद, विज्ञान-विशारद, कलाकार, पंडित, ज्ञानी,
कनक नहीं, कल्पना, ज्ञान, उज्ज्वल चरित्र के अभिमानी,
इन विभूतियों को जब तक संसार नहीं पहचानेगा,
राजाओं से अधिक पूज्य जबतक न इन्हें वह मानेगा,
तब तक पड़ी आग में धरती, इसी तरह अकुलाएगी,
चाहे जो भी कर, दुखों से छूट नहीं वह पाएगी।

संस्कार भारती के सह संगठन मंत्री श्री अमीरचंदजी ने संस्कृति नैमिषेय की परिकल्पना से सुर-सम्राज्ञी लता मंगेशकर, डॉ. सोनल मानसिंह, बाबा योगेंद्र चंद्र, डॉ. चंद्रप्रकाश द्विवेदी, डॉ. सुभाष चंद्रा, एस.आर. लीला, पन्ना लाल, विमल लाठ, शेखर सेन, डॉ. सच्चिदानंद जोशी, मालविका जोशी, वासुदेव कामत जैसे लोग जुड़े हैं। इन विभूतियों के अथक प्रयास से यह स्वप्न साकार रूप ले रहा है। इसी क्रम में यह पुस्तक 'भारतीय कला दर्शन' भी एक प्रयास है। संस्कृति नैमिषेय की संकल्पना वर्षों की होगी, पर पिछले वर्ष, यानी मई 2016 में इसे साकार रूप देने का प्रयास शुरू हुआ। लगभग बचपन से हम सभी ने सुना है—'एकदा नैमिषारण्य तीर्थे'। यहाँ तक कि आमतौर पर घरों में होने वाली श्रीसत्यनारायण भगवान् की कथा का आरंभ ही नैमिषारण्य और शौनक आदि ऋषियों के वर्णन से होता है। अत: भारतीय कला-दर्शन के लिए यह एक व्यापक विचार-बिंदु है, भरतमुनि के नाट्य शास्त्र की तरह ही नैमिषारण्य तीर्थ हमें अपनी कला, साहित्य, दर्शन से पुनर्मिलन करवाए, ऐसी आशा है।

दरअसल, 'भारतीय कला दर्शन' हमारे सांस्कृतिक पुरोधाओं और मनीषियों को नमन करने का एक माध्यम है, ताकि हम अपनी संस्कृति और संस्कारों को और गहराई से समझ सकें और विस्मृत अतीत का पुर्नस्मरण करने का प्रयास है। भारतीय संस्कृति के संदर्भ में विचारक श्री सी.ई.एम. जोड के विचारों का जिक्र करना महत्त्वपूर्ण है। उनका कहना है कि 'मानव जाति को भारतवासियों ने जो सबसे बड़ी चीज वरदान के रूप में दी है, वह यह है कि भारतवासी हमेशा ही अनेक जातियों के लोगों और अनेक प्रकार के विचारों के बीच समन्वय करने को तैयार रहे हैं। और सभी प्रकार की विविधताओं के बीच एकता कायम करने

की उनकी लियाकत और ताकत लाजवाब रही है।' सच तो यह है कि आज भी विश्व में शून्यता के बीच, दुनिया की अनेक जातियों, अनेक वादों और विचारों तथा अनेक संस्कृतियों के बीच समन्वय स्थापित करके, हम विश्व-संस्कृति का निर्माण कर सकते हैं। विश्व कल्याण के लिए विश्व को सांस्कृतिक समन्वय और एकता का मार्ग अपनाना ही होगा। शायद, इसलिए श्री जोड जैसे विद्वान् ने भी भारत की इस योग्यता को विश्व मानवता के लिए सबसे बड़ा वरदान कहा है। इस वरदान को साकार रूप देने के मार्ग में संस्कृति नैमिषेय भी एक कदम साबित हो। यह तो आने वाला समय ही बताएगा। इतना तो विश्वास के साथ कहा जा सकता है कि इस प्रयास से विश्व मानव को सकारात्मक ऊर्जा और स्रोत जरूर प्राप्त होगा।

इस क्रम में बाल गंगाधर तिलक का कथन उल्लेखनीय है कि 'हम अपनी जिंदगी के मौकों को सिर्फ इंतजार करने में बेकार कर रहे हैं, जबकि सही रास्ता चलने से ही मिलता है। इंतजार करने से कोई रास्ता चलकर सामने नहीं आता।' लगभग डेढ़ वर्ष का सफर तय कर संस्कृति नैमिषेय अपने गंतव्य पर न सही, पर एक मंजिल तक पहुँची है। यह विद्वत् सम्मेलन 'शंखनाद' एक मंजिल ही है। इस अवसर पर 'भारतीय कला दर्शन' को समर्पित करते हुए मुझे अपार हर्ष की अनुभूति हो रही है। मैं इसके लिए डॉ. सोनल मानसिंहजी, डॉ. चंद्रप्रकाश द्विवेदीजी और श्री अमीर चंदजी की हृदय से आभारी हूँ। उन्होंने मुझे यह अवसर दिया। सभी लेखकों, संस्कृतिकर्मियों, विद्वानों ने अपनी लेखनी के माध्यम से संस्कृति विमर्श में अपना सहयोग दिया। इसके लिए में उन्हें हृदय से धन्यबाद देती हूँ। मैं प्रभात प्रकाशन और राहुल नीलजी के प्रति आभार व्यक्त करती हूँ, उन्होंने अंतिम क्षण में इसे साकार रूप प्रदान करने में अपना सहयोग दिया।

नई दिल्ली

1-12-2017

—शशिप्रभा तिवारी

अनुक्रम

दिव्य नैमिषारण्य तीर्थ

✍ नारायण दत्त शर्मा

संस्कृत वाङ्मय में नैमिषारण्य का उल्लेख एक ऐसे तीर्थस्थान के रूप में किया गया है, जो पुण्य तीर्थ एवं मोक्षदायक है।

नैमिषारण्य दो शब्दों से मिलकर बना है, नैमिष तथा अरण्य। सर्वप्रथम अरण्य शब्द पर विचार करते हैं। अमरकोश में वन के पर्यायवाची शब्दों में छह नाम आए हैं, जिनमें अरण्य शब्द का समावेश किया गया है।[1] अमरकोश में ही अरण्य शब्द का प्रयोग नपुंसक लिंग में होना चाहिए, यह बताने के लिए एक कारिका है।[2]

निघंटु में अरण्य की पत्नी के लिए अरण्यानी शब्द का समावेश किया गया है।[3] इस प्रसंग में यास्क ने अरण्य शब्द का निर्वचन दिया है। यास्क के अनुसार, ऐसा स्थान, जो ग्राम से दूर होता है, यज्वाने अरण्यान्यरण्यानि (ऋग्वेद 8.8.4.1) मंत्र प्रस्तुत किया, जिस पर यास्क ने इस मंत्र में आए हुए अरण्यानी शब्द को लेकर अरण्य शब्द का निर्वचन प्रस्तुत किया (निरुक्त 1.30)।

अथवा जो रमण करने के योग्य नहीं होता, उसे अरण्य कहते हैं।[4] संस्कृत कोशकारों ने भी अरण्य शब्द की व्युत्पत्ति दी है। वह स्थान, जहाँ (विचरण करने के लिए) हिरन जाते हैं।[5] शेष आयु बिताने के लिए जहाँ जाया जाता है, वह अरण्य है।[6] ऐसा प्रतीत होता है कि अरण्य में रहना है तो वहाँ सुख की कामना का कोई प्रश्न नहीं है। इसीलिए तप करने के लिए अरण्य जाने की प्राचीन परंपरा रही है। चाणक्यशतकम् के एक श्लोक में कहा गया है कि जिस घर में माँ न हो, पत्नी कटुवचन बोलनेवाली हो, उसे (तप करने के लिए) अरण्य चले जाना

चाहिए।[7] यह भारतभूमि है, जिसका एक-एक कण पवित्र माना गया है, चाहे वे नदियाँ[8] हों, चाहे क्षेत्र[9] हों, चाहे सरोवर[10] हों।

इसी क्रम में अरण्य भी आते हैं। कहीं-कहीं ऐसा उल्लेख है कि संपूर्ण भारतभूमि में नौ अरण्य हैं, जो मोक्षदायक हैं। इनमें नैमिषारण्य भी एक है, यथा—दंडकारण्य, सैंधवारण्य, जंबूमार्ग, पुष्करारण्य, उत्पलावर्तकारण्य, नैमिषारण्य, कुरूजांगल, हिमवदरण्य तथा अर्बुदारण्य।[11]

कैसे नैमिषारण्य की उत्पत्ति हुई तथा किस प्रकार उसका नाम नैमिषारण्य हुआ, इससे संबंधित अनेक प्रसंग पुराण इत्यादि ग्रंथों में आए हैं। 'वराहपुराण' में कहा गया है कि गौरमुख मुनि के कहने पर भगवान् विष्णु ने सुदर्शन चक्र को दुर्जय की सेना पर चलाया, जिससे सुदर्शन चक्र द्वारा पलक झपकते दुर्जय की आसुरी सेना भस्म कर दी गई। उस समय विष्णु ने गौरमुख से कहा कि निमेष-मात्र में दानवी सेना इस अरण्य में मारी गई है, अतः इस अर्थ के अनुरूप इस अरण्य का नाम 'नैमिषारण्य' होगा।

यह विशेष रूप से ब्राह्मणों का निवास स्थान रहेगा।[12] 'कूर्म पुराण' के अनुसार, ब्रह्मा द्वारा दिए गए चक्र का परिधि-भाग (नेमि) जहाँ टूटकर गिरा, उस स्थान को नैमिषारण्य कहा गया।[13] 'शिवपुराण' के अनुसार, भगवान् ब्रह्मा ने मुनियों से कहा कि यह मेरे द्वारा बनाया गया मनोमय चक्र है, इसे मैं छोड़ता हूँ। जहाँ नेमि टूटेगी, उस देश को तपस्या के योग्य समझना। वे ब्राह्मण भी ब्रह्मा को प्रणाम करके चक्र के पीछे-पीछे चले।

वह फेंका हुआ चक्र एक चिकने पत्थर पर जा पड़ा, फिर वह किसी वन में निर्मल जल में गिर गया। उसके कारण मुनियों द्वारा पूजित वह वन 'नैमिष' नाम से प्रसिद्ध हुआ।[14] यहीं पर ब्रह्माजी ने मुनियों को एक हजार दिव्य वर्षों तक चलनेवाले यज्ञ के अनुष्ठान का आदेश दिया।[15] इसी तरह के प्रसंग अन्य पुराणों में भी आए हैं।[16]

नैमिषारण्य के प्रसंग में यदि हम पुराणवाङ्मय की ओर दृष्टिपात करते हैं तो यह बात स्पष्ट हो जाती है कि अनेक-अनेक का वाचन ऋषियों की प्रार्थना पर सूतजी के द्वारा तथा उग्रश्रवा के द्वारा किया गया। वास्तव में, ऋषियों और मुनियों की इस बलवती इच्छा के परिणामस्वरूप ब्रह्मा के द्वारा एक पवित्र तीर्थ

की सृष्टि की गई, जहाँ अनेक-अनेक दीर्घकालीन यज्ञ किए जा सकें और उन यज्ञानुष्ठानों के बीच में समय मिलने पर ऋषि और मुनि भगवान् व्यास द्वारा रचित पुराण संहिताओं का श्रवण एवं वाचन कर सकें।

'लिंग पुराण' के प्रारंभ में ही यह प्रसंग आता है कि मुनि नारद शैलेश, संगमेश्वर, हिरण्यगर्भ, स्वर्लीन, अविमुक्त, महालय, रौद्र, गोप्रेक्षक, पाशुपत, विघ्नेश्वर, केदार, गोमायुकेश्वर, हिरण्यगर्भ, चंद्रेश, ईशान्य, त्रिविष्टप् तथा शुक्रेश्वर आदि तीर्थस्थानों में भगवान् शंकर की यथोचित आराधना करके नैमिषारण्य पहुँचते हैं।[17] वहाँ रह रहे ऋषियों से पूजित होकर लिंग माहात्म्य से संबंधित विचित्र रहस्योंवाली कथाएँ सुनाने लगते हैं।[18] इसी बीच मुनिवर सूतजी आते हैं।

ऋषियों द्वारा उनसे प्रार्थना करने पर वे महादेव आदि का स्मरण करके लिंगपुराण को कहना प्रारंभ करते हैं।[19] इस प्रकार लिंग पुराण का प्राकट्य हुआ।

योगशास्त्र के सूर्य मुनिवर गर्ग नैमिषारण्य पहुँचते हैं तथा शौनक जी से पूजित होकर उनके प्रश्न के उत्तर में श्री गर्गसंहिता का कथन करते हैं।[20] उग्रश्रवा[21] से एक बार नैमिषारण्य में शौनक[22] जी ने यह बात कही कि आपने कुरुवंशियों के ही जन्म का विशेष रूप से वर्णन किया, किंतु वृष्णि तथा अंधक वंश के वीरों के जन्म का वृत्तांत नहीं कहा। अब आप उन सबके जन्म-कर्म का भी वर्णन कीजिए।

इसी जिज्ञासा के फलस्वरूप हरिवंशपुराण[23] का कथन नैमिषारण्य में हुआ।[24] उग्रश्रवा (सौति) जिस समय तीर्थ-धर्मों तथा समंतपंचक कुरुक्षेत्र की यात्रा करते हुए नैमिषारण्य पहुँचे, उस समय शौनकजी के द्वारा वहाँ द्वादशवर्षीय सत्र चल रहा था। वहीं पर ऋषियों के द्वारा प्रार्थना करने पर उग्रश्रवा ने एक लाख श्लोकों में निबद्ध[25] व्यास द्वारा रचित 'महाभारत' नामक महाकाव्य का वाचन किया।[26]

श्रीमद्भागवत के तो प्रारंभ में ही नैमिषारण्य का उल्लेख है। श्रीमद्भागवत के अनुसार विष्णु को प्रिय इसी नैमिषारण्य तीर्थ में शौनकादि ऋषियों ने एक हजार वर्ष तक चलने वाले सत्र को संपन्न किया।[27] इसी अवसर पर सूतजी आए और उनके द्वारा श्रीमद्भागवत पुराण का वाचन किया गया।[28] दीर्घसत्र

की समाप्ति के बाद प्रार्थना करने पर इसी नैमिषारण्य तीर्थ में सूत ने दीर्घसंहिता (मत्स्यपुराण) को सुनाया था।[29]

पुराणों में जिन विषयों का वर्णन किया गया है, उन विषयों में तीर्थ का प्रसंग अवश्य आता है। यह एक प्राचीन परंपरा है कि जब किसी विषय का महत्त्व बतलाया जाता है तो उसके विषय की महत्ता का वर्णन उसके चरम रूप में किया जाता है। पुराण इत्यादि आर्षग्रंथों में जब किसी तीर्थ की महत्ता का वर्णन किया जा रहा होता है तो उस प्रसंग में अनेक-अनेक जगह किसी-न-किसी व्यास से नैमिषारण्य का उल्लेख होता है।

उदाहरण के लिए वराह पुराण में जब कोकातीर्थ की महत्ता का प्रसंग आता है तब पृथ्वी विष्णु को कहती है कि आप चक्र, वाराणसी, भद्रकर्ण तथा नैमिषारण्य जैसे तीर्थ को छोड़कर कोकातीर्थ की ही क्यों प्रशंसा करते हैं?[30] इस अवसर पर भगवान् विष्णु कहते हैं कि ये नैमिषारण्य आदि सभी तीर्थ भगवान् रुद्र के आश्रित हैं तथा श्रेष्ठ पाशुपात तीर्थ हैं।[31]

'मथुरामाहात्म्य' के प्रसंग में पृथ्वी ने वराह से प्रश्न किया कि इन तीर्थों को छोड़कर मथुरा का गुणगान क्यों करते हैं? उस समय पृथ्वी ने जिन तीन तीर्थों का उल्लेख किया, उनमें नैमिषारण्य का भी नाम लिया।[32]

वराहपुराण में शैलेश्वर तीर्थ को जिन अन्य तीर्थों से अति विशिष्ट कहा गया, उन तीर्थों में प्रभास, प्रयाग, पुष्कर और कुरुक्षेत्र तीर्थों के साथ नैमिषारण्य तीर्थ के नाम का भी उल्लेख किया गया।[33] वराह पुराण के श्रवण का माहात्म्य वर्णित किया गया है।

इस अवसर पर जिन तीर्थों से करोड़ों गुणा फल वराहपुराण को सुनने से प्राप्त होता है, उन तीर्थों में नैमिषारण्य तीर्थ का नाम आता है।[34] मत्स्यपुराण में दक्ष द्वारा किए गए यज्ञानुष्ठान के अवसर पर सती अपने पिता की प्रार्थना पर देवी के 108 नामों के स्तोत्र का कथन करती हैं और वे देवियाँ जिन तीर्थों में स्थित हैं, साथ में उन तीर्थों का भी उल्लेख करती हैं। अत: इस स्तोत्र में सती ने पहले नंबर पर वाराणसी का तथा वहाँ पर स्थित विशालाक्षी देवी का उल्लेख किया और दूसरे नंबर पर नैमिषारण्य का तथा वहाँ पर स्थित लिंगधारिणी देवी का उल्लेख किया।[35]

नैमिषारण्य सहस्रों-सहस्रों ऋषियों-मुनियों की तप:स्थली रही है, अत: पुराणों में अनेक विशिष्ट जनों के आने और वहाँ उनके द्वारा अनेक धार्मिक कृत्य किए जाने का उल्लेख मिलता है तथा पुराणों में नैमिषारण्य से संबंधित धर्म शास्त्रीय कुछ विशेष विषयों का भी उल्लेख प्राप्त होता है। वराहपुराण में आया है कि अश्वशिरा राजा पुत्र को राज्य सौंपकर इसी नैमिषारण्य क्षेत्र में आया और वहाँ यज्ञमूर्ति भगवान् विष्णु की स्तुति की।[36]

विश्वकर्मा की रूप-यौवन संपन्न साध्वी कन्या चित्रांगदा का उल्लेख वामनपुराण में किया गया है, जो स्नान करने के लिए नैमिषारण्य आई। स्नान करने के लिए जैसे ही जल में उतरी, उसी समय सुदेव के पुत्र सुरथ चित्रांगदा को देखकर काम मोहित हो गए।[37] चित्रांगदा भी अपने आपको नहीं सँभाल पाई और सखियों के मना करने पर भी उसने अपने आपको राजा के प्रति अर्पित कर दिया।[38] श्रीमद्भागवत में यह प्रसंग आता है कि कौरवों तथा पांडवों, दोनों से तटस्थ रहने के बहाने बलराम तीर्थ यात्रा पर चले गए। तीर्थयात्रा करते हुए बलराम नैमिषारण्य पहुँचे, जहाँ ऋषिगण दीर्घकाल तक चलनेवाले सत्र का अनुष्ठान कर रहे थे।[39]

वामनपुराण में यह अद्भुत प्रसंग आया है कि जब नाग के द्वारा च्यवन ऋषि को पाताल धकेल दिया गया तो वहाँ उनकी भेंट प्रह्लाद से हुई। वहाँ प्रह्लाद ने च्यवन से प्रश्न किया कि कृपया मुझे यह बतलाइए कि पृथ्वी, आकाश और पाताल में कौन-कौन से तीर्थ हैं ?[40]

च्यवन ने एक ही श्लोक में इस प्रश्न का उत्तर देते हुए कहा कि हे महाबाहो! पृथ्वी में नैमिष, अंतरिक्ष में पुष्कर और रसातल में चक्रतीर्थ प्रसिद्ध हैं।[41] च्यवन ऋषि से ही प्रेरणा प्राप्त करके प्रह्लाद तीर्थों की यात्रा करते हुए नैमिषारण्य आए और वहाँ नैमिषारण्य में पहुँचकर प्रह्लाद ने गोमती, कांचनाक्षी और गुरुदा के मध्य में स्थित तीस हजार पापनाशक तीर्थों में स्नान किया, अच्युत की पूजा की, नैमिषारण्यवासी ऋषियों की पूजा की तथा देवाधिदेव महेश का विधिपूर्वक अर्चन किया।[42]

मनु-शतरूपा की तपस्या के कारण ही ब्रह्म को राम का अवतार धारण करना पड़ा। इस प्रसंग में तुलसीदास ने नैमिषारण्य में मनु-शतरूपा के तप का

वर्णन किया। 'मानसपीयूष' नामक ग्रंथ में यह प्रश्न उठाया गया है कि मनु ने नैमिषारण्य की ही यात्रा क्यों की? उसका उत्तर इस प्रकार दिया गया कि तप के लिए कृतयुग (सत्ययुग) में नैमिषारण्य तीर्थ की ही प्रधानता है।[43]

इसीलिए मनु-शतरूपा ने कठोर तप करने के लिए नैमिषारण्य जैसे दिव्य तीर्थ का चयन किया। श्राद्धपक्ष में जिन नदियों में स्नान करके तथा स्नान के बाद श्राद्ध करने से अशुभों का नाश होता है, उनमें नैमिषारण्य की गौतमी नदी का भी उल्लेख मिलता है।[44] वराहपुराण में विशेष तीर्थों में विशेष तिथियों में स्नान करने का प्रसंग है। इस अवसर पर त्रयोदशी तिथि को नैमिषारण्य में स्नान करने का विशेष फल बताया गया।[45]

शिवपुराण में कहा गया है कि नैमिषारण्य तथा बदरिकाश्रम में सूर्य और बृहस्पति के मेष राशि में आने पर यदि स्नान किया जाए तो उस समय वहाँ किए जाने वाले स्नान-पूजन आदि से ब्रह्मलोक की प्राप्ति होती है।[46] वामनपुराण के अनुसार भारद्वाज और वामन के प्रश्नोत्तर के रूप में यह विषय स्पष्ट हुआ कि वामन भगवान् नैमिषारण्य में 'पीतवासा' नाम से नित्य स्थित हैं।[47]

नैमिषारण्य में शौनकादि ऋषि प्रश्नोत्तर के रूप में अनेक आध्यात्मिक-धार्मिक विषयों पर विचार-विमर्श भी करते थे। वामनपुराण में एक प्रसंग आता है, जब शौनक आदि मुनियों ने पौराणिक महात्मा लोमहर्षण से पूछा कि सन्मार्ग में चलनेवाले हम लोगों को यज्ञ का फल कैसे प्राप्त होगा?[48] इस प्रश्न के उत्तर में लोमहर्षण का कहना है कि जहाँ सरस्वती नदी अवस्थित है, वहाँ यज्ञ का महान् फल होता है।[49] ऐसा तीर्थ क्षेत्र जिसका प्राकट्य भगवान् ब्रह्मा की प्रेरणा से हुआ और जहाँ 88 हजार ऋषि शौनक आदि मुनियों के साथ रह रहे हों, जहाँ समस्त पुराण संहिताओं का वाचन एवं श्रवण किया गया हो, तपस्या की दृष्टि से सत्ययुग में जो विशेष रूप से फलदायी रहा हो।

मनुष्य, देव-दानव योनियों में उत्पन्न विशिष्टजनों ने आकर, जहाँ स्नान आदि तथा अन्य यज्ञादि धार्मिक अनुष्ठान करके अपने मुक्ति के मार्ग को प्रशस्त किया हो, ऐसे नैमिषारण्य तीर्थ के माहात्म्य का वर्णन होना स्वाभाविक ही है। उदाहरण के लिए महाभारत के वनपर्व के अंतर्गत भीष्म के द्वारा प्रश्न करने पर पुलस्त्य अनेक तीर्थों की महिमा का वर्णन करने के साथ ही नैमिषारण्य

के माहात्म्य का वर्णन करते हुए कहते हैं कि नैमिषारण्य सिद्धों से सेवित तथा पुण्यमय है। वहाँ देवताओं के साथ ब्रह्माजी नित्य निवास करते हैं।

आधा पाप तो उसे खोजने में नष्ट हो जाता है और समस्त पाप उसमें प्रवेश करते ही नष्ट हो जाते हैं। (इस अवसर पर कहा कि) एक मास तक नैमिष में निवास करना चाहिए। पृथ्वी पर जितने तीर्थ हैं, वे सभी नैमिष में विद्यमान हैं।

स्नान करके नियम के साथ जो नियमित भोजन करता है, उसे गोमेधयज्ञ का फल मिलता है। अपने कुल की सात पीढ़ियों का वह उद्धार कर देता है। उपवास करते हुए जो नैमिष में प्राणत्याग कर देता है, वह सब लोकों में आनंद का अनुभव करता है। ऐसा मनीषी पुरुषों का कथन है।

नैमिष तीर्थ नित्य पवित्र और पुण्यजनक है।[50] तुलसीदास ने अपने रामचरितमानस में नैमिषारण्य को तीर्थों में श्रेष्ठ, अत्यंत पवित्र तथा साधकों को सिद्ध कर देनेवाला बताया, और कहा कि वहाँ मुनियों और सिद्धों के समाज के समाज बसते हैं।[51]

संदर्भ—

1. अटव्यरण्यं विपिनं गहनं काननं वनम् (अमरकोश, 2.4.1)
2. खम्, अरण्यम्, पर्णम्, श्वभ्रम्, हिमम्, उदकम् शीतम्, उष्णम्, मांसस्, रुधिरम्, मुखम्, अक्षि, द्रविणम् तथा बलम्, द्विहीनेऽन्यच्च खारण्यपर्णश्वभ्रहिमोदकम्। शीतोष्ण मांसरुधिर-मुखाक्षिद्रविणं बलम् (अमरकोश, 3.5.22)। अर्थात् खम्, अरण्यम्, पर्णम्, श्वभ्रम्, हिमम्, उदकम्, शीतम्, उष्णम्, मांसम्, रुधिरम्, मुखम्, अक्षि, द्रविणम् तथा बलम्, ये चौदह शब्द नपुंसकलिंग में हैं
3. औषधयः। रात्रिः। अरण्यानी। श्रद्धा। पृथ्वी इत्यादि (निघंटु, 5.3.24.)। देवराज
4. अरण्यमपार्णं ग्रामात्। अरमणं भवतीति वा (निरुक्त, 1.30)
5. अर्यते मृगैः-वनम् (शब्दकल्पद्रुमकोश, पहला खंड, पृष्ठ सं. 13)
6. अर्यते गम्यते शेषे वयसि-अरण्य (Practical Sanskrit-English Dictionary, p. 215)
7. माता यस्य गृहे नास्ति भार्या चाप्रियवादिनी। अरण्यं तेन गन्तव्यं यथारण्यं तथा गृहम् (चाणक्यशतकम् श्लोक 44)
8. सात नदियाँ पुण्यदायक मानी गई हैं, जिनके नाम इस प्रकार हैं—गंगा, यमुना, गोदावरी, सरस्वती, कावेरी, नर्मदा तथा सिंधु (द्र. तीर्थांक, पृष्ठ 531)
9. ये सात क्षेत्र हैं, जो पुण्यदायक हैं, यथा—कुरुक्षेत्र (पंजाब), हरिहरक्षेत्र (सोनपुर), प्रभासक्षेत्र (वेरालळ), रेणुकाक्षेत्र (मथुरा के पास), भृगक्षेत्र (भरुच), पुरुषोत्तमक्षेत्र (जगन्नाथपुरी)

तथा सूकरक्षेत्र (सोरों), (द्र. तीर्थांक, पृष्ठ 531)

10. इन सरोवरों की संख्या पाँच है, जो पुण्यदायक हैं—बिंदुसरोवर (सिद्धपुर), नारायणसरोवर (कच्छ), पंपासरोवर (मैसूर राज्य), पुष्करसरोवर (राजस्थान) तथा मानसरोवर (तिब्बत) (द्र. तीर्थांक, पृष्ठ 531)
11. दंडकारण्यं सैन्धवारण्यं जम्बुमार्गं च पुष्करम्। उत्पलावर्त्तकारण्यं नैमिषं कुरुजांगलम्। हिमवानर्बुदश्चैव नवारण्यं विमुक्तिदम् (द्र. शब्दकल्पद्रुमकोश, पहला खंड, पृष्ठ सं. 13)
12. एव कृत्वा ततो देवो मुनिं गौरमुखं तदा। उवाच निमिषेणेदं निहतं दानव बलम्। अरण्येऽस्मिंस्ततस्त्वेवं नैमिषारण्यसंज्ञितम्। भविष्यति यथार्थं वै ब्राह्मणानां विशेषतः (वराहपुराण, 11.108-101)
13. तस्य वै व्रजतः क्षिप्रं यत्र नेमिरशीर्यत। नैमिशं तत्स्मृतं नाम्ना पुण्यं सर्वत्र पूजितम् (कूर्मपुराण, 2.41.8)
14. एतन्मनोमयं चक्रं मया सृष्टं विसृज्यते। यत्रास्य शीर्यते नेमिः स देशस्तपसः शुभः। तेऽपि हृष्टतरा विप्राः प्रणम्य जगतां प्रभुम्। प्रययुस्तस्य चक्रस्य यत्र नेमिरशीर्यत। चक्रं तदपि संक्षिप्तं श्लक्ष्णं चारूशिलातले। विमलस्वादुपानीये निपपात वने क्वचित्। तद्वनं तेन विख्यातं नैमिषं मुनिपूजितम् (शिवपुराण् ।वायवीयसंहितापूर्वभाग 3.53.-56)
15. दीर्घसत्रसमारब्धं दिव्यवर्षसहस्त्रकम् (शिवपुराण वायवीय संहिता पूर्व भाग, 3.48)
16. गच्छतस्तस्य चक्रस्य यत्र नेमिर्विशीर्यते। पुण्यः स देशो मन्तव्यः प्रत्युवाच तदा प्रभुः (ब्रह्मांडपुराण, 1.1.1.158)। गच्छतो धर्मचक्रस्य यत्र नेमिर्विशीर्यते। पुण्यः स देशो मंतव्यः इत्युवाच तदा प्रभुः (वायुपुराण, 1.1.1.183)
17. नारदोभ्यर्च्य शैलेश शङ्करं सङ्गमेश्वरे। हिरण्यगर्भे स्वर्लीने ह्यविमुक्तये महालये। रौद्रे गोप्रेक्ष के चैव श्रेष्ठे पाशुपते तथा। विघ्नेश्वरे केदारे तथा गोमायुकेश्वरे। हिरण्यगर्भे चन्द्रेशे ईशान्ये च त्रिविष्टपे। शुक्रेश्वरे यथान्यायं नैमिषं प्रययौ मुनिः (लिंगपुराण, 1.1. 2-4)।
18. चक्रे कथां विचित्रार्थां लिंगमाहात्म्यमाश्रिताम् (लिंगपुराण, 1.1.7)
19. नमस्कृत्य महादेवं ब्रह्माणं च जनार्दनं। मुनीश्वरं तथा व्यासं वक्तुं लिंग स्मराम्यहम् (लिंगपुराण, 1.1.18)
20. गर्गसंहिता, गोलोकखंड (1.4-11)
21. लोमहर्षण सूत के पुत्र ही उग्रश्रवा हैं।
22. रुरु (प्रमद्वरा) के पुत्र शुनक और उनके पुत्र शौनक। इन्होंने ही नैमिषारण्य में द्वादश वर्षीय सत्र, दीर्घसत्र तथा सहस्र वार्षिक सत्र का अनुष्ठान किया। इन्हीं को कुलपति भी कहा गया, क्योंकि इनके आश्रम में दस हजार तपस्वियों के खान-पान आदि की व्यवस्था रहती थी। कहा भी गया है—मुनीनां दशसहस्रं योऽन्नदानादिपोषणात्। अध्यापयति विप्रर्षिः स वै कुलपतिः स्मृतः (द्र. शब्दकल्पद्रुमकोश, दूसरा खंड, पृष्ठ सं. 153)
23. यह पुराण महाभारत ग्रंथ का अंतिम पर्व है। आदिपर्व के अनुक्रमणिकाध्याय में महाभारत को सौ पर्वों वाला ग्रंथ बतलाया गया। उसके अंतिम तीन पर्व इस हरिवंश ग्रंथ में सम्मिलित हैं। यह बात अनुक्रमणिकाध्याय में स्पष्ट रूप सें निर्दिष्ट है- हरिवंशस्ततः पर्व पुराणं खिलसंज्ञितम्। विष्णुपर्व शिशोश्चर्या विष्णोः कंसवधस्तथा। भविष्यं पर्व चाप्युक्तं खिलेष्वेवाद्भुतं महत्।

एतत्पर्वशतं पूर्णं व्यासेनोक्तं महात्मना (महाभारत, आदिपर्व 2.82-83)

24. तत्र जन्म कुरूणां वै त्वयोक्तं लौमहर्षणे। न तु वृष्ण्यन्धकानां च तद् भवान् वक्तुमर्हति (हरिवंशपुराण हरिवंशपर्व, 1.17)।
25. इदं शतसहस्त्रं तु लोकानां पुण्यकर्मणाम्। उपाख्यानैः सह ज्ञेयमाद्यं भारतमुत्तमम् (महाभारत आदिपर्व, 1.101)।
26. गन्थर्वयक्षरक्षांसि श्रावयामास वै शुकः। अस्मिंस्तु मानुषे लोके वैशम्पासत उक्तवान्॥ शिष्यो व्यासस्य धर्मात्मा सर्ववेदविन्दा वरः। एकं शतसहस्रं तु मयोक्तं वै निबोधत (महाभारत आदिपर्व 1.108-101)
27. नैमिषेऽनिमिषक्षेत्रे ऋषयः शौनकादयः सत्रं स्वर्गाय लोकाय सहस्रसममासत (श्रीमद्भागवत, 1.1)
28. इति सप्रश्नसंहृष्टो विप्राणां लौमहर्षणिः। प्रतिपूज्य वचस्तेषां प्रवक्तुमुपचक्रमे (श्रीमद्भागवत, 2.1)
29. सूतमेकाग्रमासीनं नैमिषारण्यवासिनः। मुनयो दीर्घसत्रान्ते पप्रच्छर्दीर्घसंहिताम् (मत्स्यपुराण, 1.5)
30. चक्रं वाराणसी चैव अट्टहासं च नैमिषम्। भद्रकर्णं चैव कोका वै किं प्रशंससि (वराहपुराण, 121.12)
31. एते रुद्राश्रिताः क्षेत्रा ये त्वया परिकीर्त्तिताः। एते पाशुपताः श्रेष्ठा कोका भागवतस्य च (वराहपुराण, 121.18)
32. पुष्करं नैमिषं चैव पुरीं वाराणसीं तथा। एतान् हित्वा महाभाग मथुरां कि प्रशंसति (वराहपुराण, 150.10)
33. प्रभासाच्च प्रयागाच्च नैमिषाद् पुष्करादपि। कुरुक्षेत्रादपि बुधाः क्षेत्रमेतद् विशिष्यते (वराहपुराण, 213.51)
34. प्रयागे ब्रह्मतीर्थे च तीर्थे चामरकण्टके। यत् पुण्यफलमाप्नोति तत् कोटिगुणितं भवेत् (वराहपुराण, 215.12)
35. वाराणस्यां विशालाक्षी नैमिषे लिंगधारिणी (मत्स्यपुराण, 13.26)
36. ज्येष्ठं पुत्रं समाहूय धन्यं स्थूलशिराहव्यम्। अभिषिच्य निजे राज्ये स राजा प्रययौ वनम्। नैमिषारण्यं। वरारोहे तत्र यज्ञतनुं गुरुम्। तपसाराधयामास यज्ञमूर्तिं स्तवेन च (वराहपुराण, 5.43-44)।
37. सा स्नातुमवतीर्णा च अथाभ्यागान्नरेश्वरः। सुदेव तनयो धीमान् सुरथो नाम नामतः। तां ददर्श च तन्वङ्गी शुभाङ्गो मदनातुरः (वामनपुराण, 37.41)
38. वार्यमाणा सखीभिस्तु प्रादादात्मानमात्मना (वामनपुराण, 37.41)। 39. जगाम नैमिषं यत्र ऋषयः सत्रमासते (श्रीमद्भागवत, 10.78.20)
40. भगवन् कानि तीर्थानि पृथिव्यां कानि चाम्बरे। रसातले च कानि स्युरेतद् वक्तुं ममार्हसि (वामनपुराण, 7.36)
41. पृथिव्यां नैमिषं तीर्थमन्तरिक्षे च पुष्करम्। चक्रतीर्थं महाबाहो रसातलतले विदुः (वामनपुराण, 7.37)

42. तत्र तीर्थसहस्त्राणि त्रिंशत्पापहराणि च। गोमत्याः काञ्चनाक्ष्याश्च गुरुदायाश्च मध्यतः॥ तेषु स्नात्वार्च्य देवेशं पीतवाससमच्युतम्। ऋषीनपि च सम्पूज्य नैमिषारण्यवासिनः॥ देवदेवं तथेशानं सम्पूज्य विधिना ततः (वामनपुराण, 47.2-3)
43. कृते तु नैमिषं तीर्थं त्रेतायां पुष्करं वरम्। द्वापरे तु कुरुक्षेत्रं कलौ गंङ्गा विशिष्यते (द्र. मानसपीयूष, खंड 2, पृष्ठ 712)
44. गंङ्गासरयूमथवा विपाशां सरस्वतीं नैमिषगोमतीं वा। ततोऽवगाह्यार्चनमादरेण कृत्वा पितृणामहितानि हन्ति (वराहपुराण, 13-48)
45. एकादश्यां च विश्रान्तौ द्वादश्यां सौकरे तथा। त्रयोदश्यां नैमिषे च प्रयागे च चतुर्दशीम्। कार्त्तिक्यां पुष्करे चैव कार्त्तिकस्य सितासिते। कालेष्वेषु नरः स्नात्वा सर्वपापं व्यपोहति। (वराहपुराण, 174.56-57)
46. शिवपुराण विद्येश्वरसंहिता, अध्याय 12
47. केषु केषु विभो नित्यं स्थानेषु पुरुषोत्तम। सान्निध्यं भवतो ब्रूहि ज्ञातुमिच्छसि तत्त्वतः (वामनपुराण 62.55) भृगुतुङ्गे सुवर्णाक्षं नैमिषे पीतवाससम् (वामनपुराण, 63.1)
48. कथं यज्ञफलोऽस्माकं वर्ततां सत्पथे भवेत् (वामनपुराण, सरोमाहात्म्यम्, 16.25)
49. सरस्वती स्थिता यत्र तत्र यज्ञफलं महत् (वामनपुराण, सरोमाहात्म्यम्, 16.26)
50. ततस्तु नैमिषं गच्छेत् पुण्यं सिद्धनिषेवितम्। तत्र नित्यं निवसति ब्रह्मा देवगणैः सह।। नैमिषं मृगयानस्य पापस्यार्द्धं प्रणश्यति। प्रविष्टमात्रस्तु नरः सर्वपापैः प्रमुच्यते।। तत्र मासं वसेद् धीरो नैमिषे तीर्थतत्परः। पृथिव्यां यानी तीर्थानि तानि नैमिषे। कृताभिषेकस्तत्रैव नियतो नियताशनः। गवां मेधस्य यज्ञस्य फलं प्राप्नोति भारत। पुनात्यासप्तमं चैव कुलं भरतसत्रम। यस्त्यजेन्नैमिषे प्राणानुपवासपरायणः। स मोदेत् सर्वलोकेषु एवमाहुर्मनीषिणः। नित्यं मेध्यं च पुण्यं च नैमिषं नृपसत्तम्। (महाभारतवनपर्व, 84.59-64)
51. तीरथ बर नैमिष बिख्याता। अति पुनीत साधक सिधि दाता। बसहिं तहाँ मुनि सिद्ध समाजा। (रामचरितमानस, बालकांड 143.1-3)

□

भारतीय कला और संस्कृति

✍ डॉ. कृष्ण गोपाल

भारत की कला बहुत गहराइयों में ले जाती है। आदमी गहराइयों में उतरता चला जाता है, यह भारतीय कला की विशेषता है। भारत की कला भारतीय संस्कृति की वाहिका है। कला संस्कृति को लेकर चलती है। हमारे सामने सबसे बड़ा प्रश्न यही खड़ा हो जाता है कि कला जिस संस्कृति को लेकर चलती है, वह संस्कृति क्या है? अंग्रेजी में हम लोग उसको कल्चर कहते हैं। कल्चर और संस्कृति दोनों समानार्थी नहीं हैं।

हमारी संस्कृति में अध्यात्म है और कल्चर अध्यात्म से कोसों दूर है। कल्चर का मतलब है, जो सुसभ्य है, अच्छे से कपड़े पहनता है, अच्छे से बोलता है, अच्छे से व्यवहार करता है, आनेवाले लोगों को अच्छे से बैठाता है, वेल बिहेव्ड है, वेल मैनर्ड है। इसको हम वेल कल्चर्ड बोलते हैं। इसका संस्कृति से कुछ लेना-देना नहीं है।

कल्चर बाह्य रूप है, संस्कृति आंतरिक है। हो सकता है, कोई वेल कल्चर्ड हो और सुसंस्कृत नहीं हो, लेकिन जो सुसंस्कृत है, वह वेल कल्चर्ड होगा ही। हमारे यहाँ परिभाषाएँ अलग हैं। हो सकता है, रामकृष्ण परमहंस को वेल कल्चर्ड कहें या नहीं, लेकिन वे सुसंस्कृत हैं। वे सैकड़ों सुसंस्कृत लोगों को गढ़ सकते हैं। हमारी संस्कृति का मूलाधार, आत्मा क्या है? हम जिसे कहते हैं कि सुसंस्कृत है तो उसमें शुचिता चाहिए, पवित्रता चाहिए, प्रामाणिकता चाहिए। सत्य के प्रति निष्ठा चाहिए। जिसमें ये संस्कार हैं, वह सुसंस्कृत है, लेकिन कल्चर में संस्कारों की आवश्यकता नहीं पड़ती।

तो सबसे पहली बात है कि जो सुसंस्कृत है, वह इन गुणोंवाला होना चाहिए। सत्यनिष्ठ, प्रामाणिक, शुचितापूर्ण, क्षमावान, धैर्यवान। धर्मज्ञ जो है, वह ही सुसंस्कृत है। विशेष बात यह है कि कल्चर और संस्कृति में जो पर्याप्त भेद है, उसको अपने को ध्यान में रखना चाहिए।

सभ्यता और संस्कृति

बहुत से लोगों के मन में भ्रम हो जाता है। सिविलाइजेशन और संस्कृति, सभ्यता और संस्कृति में क्या घालमेल है, यह समझ में नहीं आता। वास्तव में हमारी कला सभ्यता के साथ-साथ चलती है, लेकिन संस्कृति को लेकर चलती है। हमारी कला सभ्यता की सहयोगिनी है, लेकिन संस्कृति को कंधे पर बैठाए हुए लेकर चलती है।

अब प्रश्न यह है कि सभ्यता क्या है? सभ्यता का केंद्रबिंदु है विज्ञान, अर्थ और बाजार। जैसे-जैसे विज्ञान नए-नए आविष्कार करता है, वैसे-वैसे इन आविष्कारों के अनुसार व्यापारी नए-नए सामान मार्केट में उतार देता है। नया-नया सामान मार्केट में आता है तो हम खरीदते हैं। समाज उसका उपयोग करता है और सभ्यता आगे बढ़ती है। यानी सभ्यता का केंद्रबिंदु विज्ञान अर्थ और बाजार है। सभ्यता नए वस्त्र देती है, नए मकान देती है, नई सड़क देती है, नए वाहन देती है, विद्यालय के भवन देती है, तरह-तरह के माध्यम देती है, तरह-तरह के औजार देती है, तरह-तरह की मशीनें देती है, कारखाने देती है। यह सब सभ्यता देती है।

संस्कृति अलग चीज है। संस्कृति का केंद्रबिंदु अलग है। संस्कृति का केंद्रबिंदु जो है, वह भारत में अध्यात्म है। भारत की संस्कृति अध्यात्म को लेकर चलती है। भोजन कैसे करना है, यह जरूर सभ्यता तय कर सकती है। आप पत्तल में भोजन कीजिए, मेज पर कीजिए, खड़े होकर कीजिए, बफर में कीजिए। कुछ और तरीके निकल सकते हैं। यह सिविलाइजेशन तय करेगी।

सभ्यता अन्न का उत्पादन बढ़ा सकती है। सभ्यता तमाम आविष्कार कर सकती है, ढेर सारा अन्न पैदा कर सकती है, लेकिन भोजन और अन्न के प्रति दृष्टिकोण क्या हो, यह संस्कृति तय करेगी। संस्कृति कहती है—अन्न ब्रह्म।

भोजन की थाली ईश्वर का प्रसाद है। इसे बिगाड़ना नहीं, पैर के नीचे पड़ने नहीं देना।

भूखे के लिए भोजन देने की बात संस्कृति तय करेगी। भोजन की दृष्टि संस्कृति तय करेगी, भोजन का विस्तार सभ्यता तय करेगी। नए-नए इंस्ट्रूमेंट लाना सभ्यता तय करेगी, बजाना क्या है, यह संस्कृति तय करेगी। नए-नए वस्त्र पैदा करने का काम सभ्यता करेगी, वस्त्र कैसा पहनना है, यह संस्कृति तय करेगी। दोनों चीजों का अंतर समझिए। संस्कृति हजारों वर्षों में आती है और हजारों वर्षों तक टिकती है। जन्म-जन्मांतर तक चलती है। जन्म से लेकर अंत तक साथ नहीं छोड़ती, उसका नाम 'संस्कृति' है।

मुझे नाम मिला कृष्ण गोपाल। क्यों मिला, क्योंकि संस्कृति है। मेरे माता-पिता, पड़ोसियों या समाज के लोगों को कृष्ण से लगाव होगा। हजारों साल से ये नाम चले आ रहे हैं, यह संस्कृति तय करती है। जैसे फूल में सुगंध है, दूध में मक्खन है। दिखता नहीं, लेकिन है। उसकी अनुभूति होती है। यह संस्कृति का मर्म है।

हमारे संस्कारों की जो आधार भूमि है, वह अध्यात्म है। सिविलाइजेशन आधार भूमि नहीं है। जो हजारों साल से चले आ रहे हमारे तमाम काम हैं, उनके अंदर जो बैठा है, उसका अधिष्ठान, वह अध्यात्म है। सभ्यताएँ आएँगी और चली जाएँगी।

कला इस संस्कृति के आध्यात्मिक भाव को लेकर चलती है। कला भावों को व्यक्त करती है। कला अपने अंदर के भाव गीत में व्यक्त करेगी, नृत्य में व्यक्त करेगी, नाट्य में करेगी, शिल्प में करेगी, चित्र में करेगी। मन में जो है, उसको प्रकट करेगी। ये सब कला के भिन्न-भिन्न आयाम, जो हमको दिखते हैं, भाव को व्यक्त करने के साधन हैं। भाव संस्कृति तय करेगी, भाव अध्यात्म तय करेगा।

साध्य क्या होगा? साध्य परमानंद होगा। जो साधक है कला का, उसके मन में सांस्कृतिक अधिष्ठान स्पष्ट है तो साधन वह कोई भी लेगा। वह चित्रकला का सहारा लेगा, नाट्य का लेगा, नृत्य का लेगा, भित्तिचित्र का लेगा अथवा मूर्ति बनाएगा। साधन भिन्न-भिन्न हो सकते हैं। साधन कितने ही प्रकार के विकसित कर सकता है साधक, लेकिन उसके अंतर्तम में जो अध्यात्म बैठा है, प्रकटीकरण उसका होता है।

इस तरह साधन, साध्य और साधक तीनों एकरूप हो जाते हैं तो साधना उत्कृष्ट होती चली जाती है। मीरा का साधन उसका तानपुरा है, गीत है। वह भजन, कविता लिखती है, गाती भी है। वाद्य भी है उसके पास, कंठ भी है। उसको कविता लिखने की भगवान् ने क्षमता दी है।

साधना करते-करते कृष्ण के साथ एकरूप हो जाने का उसका अपना निर्णय है। मीरा अपने साधनों से साधना करते-करते एक ऐसा स्थान पाती है कि आज भी कालजयी दिखती है। कला व्यक्ति को कालजयी बना देती है, यदि उसके अंदर वह अध्यात्म तत्त्व है।

जो आनंद लाए, वह कला

कला आई कहाँ से? कला शब्द कहाँ से आया? असल में कला शब्द की व्युत्पत्ति आनंद लातिक्ति कला, यानी जिससे आनंद आता है। आनंद भौतिक नहीं है। यह ऊपर से दिखनेवाला तो थोड़ी देर रहता है, लेकिन धीरे-धीरे आनंद जब अंतर्मन में आता है तो बात दूसरी हो जाती है। हृदय का जो स्पंदन है, भावनाओं का हृत्तंत्री जो है, वह जो ध्वनि होती है, तभी होती है जब मनुष्य कहीं-न-कहीं एकात्मबोध में आ जाता है। जब वह एकाकार होने लगता है, तब उसका आनंद का रस बढ़ता ही जाता है।

साधना किसी भी साधन से कराइए, यह गौण चीज है, लेकिन जो साधन है, वह अव्यक्त को व्यक्त कर देता है। जो अदृश्य है, उसको दृश्य कर देता है, जो अकथ्य है, उसको कथ्य में बदल देता है, क्योंकि उसके अंतर्मन में वह उतरता है। उन साधनों के माध्यम से जो दिखता नहीं, वह दृश्य उसके कैनवास पर आता है। जो कभी बोला नहीं गया, वह उसके कंठ से निकलता है। जो अदृश्य था, वह दृश्य हो गया, जो अश्रव्य था, श्रव्य हो गया, जो अकथ्य था, वह कथ्य हो गया।

कलाकार अपनी साधना से भिन्न-भिन्न आयाम देता चलता है। ऐसा करने में उसको आंनद आता है। आत्मिक संतोष मिलता है। वह चार घंटा, छह घंटा चित्र बनाता रहता है, अभ्यास करता रहता है। एक छोटी बैठक में मैंने एक उदाहरण रखा था कि वाराणसी में रीवा कोठी गंगा के किनारे—काशी हिंदू विश्वविद्यालय के छात्रावास में प्रात:काल संगीत के विद्यार्थी अभ्यास करते हैं,

तीन घंटे-चार घंटे। क्या मिलता है ? इतनी मेहनत करें तो कहीं सलेक्शन हो जाए उनका। दो-चार-पाँच लाख की नौकरी मिल जाए लेकिन नहीं, ये तो साधना करते हैं।

कई-कई घंटे साधना करने के बाद आर्थिक उन्नति क्या होगी, मालूम नहीं। असल में मन को जो आनंद मिलता है, उसका कोई मूल्य नहीं होता। कई बार लोगों को लगता है कि इतनी मेहनत करने के बाद क्या मिलता है। मिलेगा कुछ नहीं, केवल आत्मा को संतोष और आत्मानंद बस।

जो व्यक्ति शरीर से परिश्रम करता है, मेहनत करता है, उसको मजदूर कहते हैं और बुद्धि लगाकर जो काम करता है, वह कारीगर हो जाता है। इंजीनियर भी कारीगर है, सर्जन भी कारीगर ही है। बुद्धि की प्रतिभा अच्छी है, लेकिन जो इसके साथ अपना हृदय लगा देता है, वह कलाकार बनता है। मजदूरी और कारीगरी से ऊपर है कला। 'विद्यानां शिल्पनैपुण्यम्'।

कितनी भी डिग्री प्राप्त करनेवाली परीक्षा पास कर लीजिए। बी.ए., एम.ए., बी.टेक., एम.टेक., एम.सी.एच., एम.डी., कुछ भी कीजिए।

एक निपुणता प्राप्त की आपने विशेष प्रकार की और कुछ नहीं, लेकिन कला में हृदय है, इसके अंदर भावनाएँ हैं, संवेदनाएँ हैं। इस स्तर पर आकर कला धीरे-धीरे अपना स्थान पाती है और अपूर्णता को एक पूर्णता देती है। एक रिक्तता को समाप्त करती है।

कला का मतलब ही है कि कोई चीज रिक्त थी, वह पूरी हुई। उसको पूरा करता है कलाकार। वह उसको बनाता है, उसको गाता है, उसको स्वर देता है। अपूर्ण को पूर्ण करता है, रिक्त को भर देता है। मैथिलीशरण गुप्त चार पंक्ति बोलते हैं कि जो अपूर्ण है, कला उसी की पूर्ति है—

"हो राह है जो जहाँ सो हो रहा,
यदि वही हमने कहा तो क्या कहा,
किंतु होना चाहिए, कब क्या कहा,
व्यक्त करती है कला ही यह यहाँ।"

नाट्य और कला भारत की कला के बारे में मैथिलीशरण गुप्त कह रहे हैं कि जो हो रहा है, वही आप कर रहे हैं, इसमें क्या विशेष किया, किंतु जो होना

चाहिए, वह आपने किया तो वास्तव में कला ही इसको अभिव्यक्त करती है। भारत में कला का इतिहास कहाँ से प्रारंभ होता है? वैसे कला वेदों से ही शुरू होती है, इसमें कोई दो राय नहीं है।

समय के साथ कला के अच्छे शास्त्र आ गए। उसकी अच्छी कहानी भरत मुनि ने अपने नाट्यशास्त्र में दी है। लंबी कहानी है, बहुत छोटे में आपको बताता हूँ। कथा है कि स्वर्ग में भी संकट आ गया। क्यों? इसलिए कि स्वर्ग में सब साधन थे। भोग के, उपभोग के सारे साधन स्वर्ग में थे तो रजोगुण बढ़ता चला गया तो ईर्ष्या, द्वेष, मद, मत्सर भी बढ़ते ही चले गए।

जब रजोगुण बढ़ता है तो ये सब भी बढ़ते हैं। देवता दु:खी हो गए, ब्रह्माजी के पास आए। क्या करें? देवताओं ने सोचा कि ब्रह्माजी दृश्य व श्रव्य कुछ नाटक की रचना करें, क्रीड़ा करें तो उससे यह वातावरण सुधर जाएगा। लोगों में संस्कार आ जाएगा। ऐसी इच्छा रखकर देवतागण इंद्र के साथ ब्रह्माजी के पास पहुँचे।

ब्रह्माजी ने कहा कि ठीक है, करते हैं कुछ रचना। रचना की तो चारों वेदों से कुछ-न-कुछ लिया। ऋग्वेद से पाठ ले लिया, सामवेद से गीत ले लिया, यजुर्वेद से अभिनय लिया, अथर्ववेद से रस लिया। फिर एक बड़े नाट्यशास्त्र का निर्माण किया और भरत मुनि को दे दिया। बड़ी रोचक बात उसमें है।

देवताओं ने कहा कि यह हमारे यहाँ संभव नहीं है, देवता लोग नाटक नहीं कर सकते। यह तो कलाकार ही कर सकते हैं। क्यों? क्योंकि देवता लोग आलसी हो गए हैं। कला साधना चाहती है। साधना करना इनके बस का नहीं है।

सोचिए कि कितनी प्रामाणिकता से उन्होंने स्वीकार कर लिया, लेकिन जो नाट्यशास्त्र बना, उसके बहुत सारे गुण हैं। मैं समझता हूँ, भारत के इतिहास में यह बहुत बड़ा है। बहुत सुंदर शास्त्र है। कहा गया है कि इस नाट्यशास्त्र में जो-जो भाग लेंगे, उनमें कोई भेद नहीं होगा। कोई छोटा है या बड़ा, संपन्न है या विपन्न, इससे फर्क नहीं पड़ेगा।

इस जाति का या उस जाति का, इस प्रांत का या उस प्रांत का, कोई भी भेद नहीं माना जाएगा। 'कला' कला है। पहली बात कि कला भेद नहीं मानती, सारे भेद में अभेद की सृष्टि करती है। दूसरी बात कि जो आएगा, उसको साधना

करनी पड़ेगी, कला साधना चाहती है। तीसरी बात कि यह केवल विषय मात्र नहीं है अर्थात् किसी भी पात्र को कोई भी हमने यदि काम, जिसे आजकल रोल बोलते हैं, दे दिया तो नाराज नहीं होना है उसको।

कथा कुछ यों है कि नाट्यशास्त्र का मंचन शुरू हुआ तो असुरों और देवताओं का संघर्ष मंचन करना था। असुरों को असुरों का काम दे दिया, देवताओं को देवताओं का काम दे दिया। इसमें असुरों को हारना ही था। बेचारे मंच पर भी हार गए। असल में हारे, नाटक में भी हार गए तो ब्रह्माजी के पास गए। बोले—ब्रह्माजी, हमारी दुर्गति क्यों कराते हैं आप? तो ब्रह्माजी ने कहा—नहीं-नहीं, नाटक में कोई हार-जीत नहीं होती। तब से चला आ रहा है कि नाटक में पराजय नहीं होती।

ब्रह्माजी कहते हैं कि नाटक में जो पात्र हैं, वे नाटक तक ही हैं, यह ध्यान रखना और नाट्यशास्त्र का काम है, समाज में भेद को समाप्त करना, एकाग्रचित्त होकर लंबी, दीर्घ साधना करने का मन बनाना और जो भी भूमिका मिले, उसके अनुसार अभिनय करना। वे आगे बढ़ते हैं और कहते हैं कि स्वर्ग में जो नाट्य की आवश्यकता हुई, वह इसीलिए हुई कि भोग व विलास इतना बढ़ गया कि नींद तक नहीं आती, विश्रांति नहीं होती।

वे कहते हैं कि इस नाट्य में नृत्य है, कला भी है, चित्र भी है, सबकुछ है तो जिनको विश्रांति नहीं मिलती, उनको विश्रांति मिलेगी। 'विश्रान्ति जन्मं काले नाट्यमेतद् भविष्यति'। जिनको नींद नहीं आती, उनको नींद आ जाएगी। जिसको अपनी रुचि का जो चाहिए, उसको वह सब नाट्य में मिल जाएगा। संस्कार, विचार जैसा सबकुछ मिल जाएगा। विशेष बात यह कि नाट्य आध्यात्मिक उन्नति के लिए है। केवल भौतिक उन्नति हो गई, यह पर्याप्त नहीं है।

भरत मुनि लिख रहे हैं—स्वर्ग में भी नाट्य की आवश्यकता है, भले ही वहाँ भौतिक उन्नति बहुत है। वास्तव में भौतिक उन्नति पर्याप्त नहीं है। भौतिक उन्नति के साथ-साथ आध्यात्मिक उन्नति के लिए नाट्य की भी आवश्यकता है। यह कला आध्यात्मिक उन्नति के लिए है।

धर्म के सत्य मार्ग का दर्शन कला के माध्यम से होगा। समाज आनंद पाएगा। समाज में आनंद की प्रणाली विकसित हो जाए, यह महत्त्वपूर्ण है।

इसके अलावा जो लोगों को उचित दिशा-निर्देश देने होते हैं, कई बार वे बड़ी कठोर भाषा में हो जाते हैं। 'ये ऐसा क्यों किया? ऐसा कीजिए, ऐसा नहीं' वगैरह। कर्कश भाषा में बोलना अच्छा नहीं है। नाट्य में मधुर भाषा में, सुंदर दृश्य में चीजें प्रस्तुत की जाती हैं। उसको लोग बुरा नहीं मानते, उसको सीख जाते हैं, इसलिए नाट्य सब दृष्टि से परिवर्तन का एक अच्छा साधन बन जाता है।

नाट्य जो लोकमत है, लोकमन है, उसको ध्यान में रखता है। जो लोकसिद्धि है, यह उसको प्राप्त करने का साधन है। लोकमन को ध्यान में रखकर, लोकधर्म को ध्यान में रखकर लोकसिद्धि प्राप्त करना नाट्य और कला का बड़ा उद्देश्य है। लोकभाव को ध्यान में रखना जरूरी है, अत: जैसा समाज है, उस समाज के मनोभाव को ध्यान में रखकर कला आगे बढ़ती है, लेकिन कला का उद्देश्य पक्का है—लोकमंगल, लोकहित, लोकमन का सम्मान, लोकभावों को ध्यान में रखते हुए आगे बढ़ना और इस प्रकार से इस कला ने भिन्न-भिन्न प्रकार से इस समाज के आध्यात्मिक उन्नति के भाव को, लोकधर्म को, लोक आदर्शों को फिर से लोगों के मन में स्थापित करने का कार्य किया। कला का उद्देश्य यही है—लोगों की आत्मा विशद हो जाए। लोगों का मन विस्तीर्ण हो जाए। लोगों की सहनशक्ति बढ़ जाए। सारे भेदों के बीच भी मेल और सामंजस्य करने की प्रवृत्ति बन जाए।

कला और कलाकार

कलाकार की जो कल्पनाशीलता है, वह बहुत व्यापक होती है, अद्भुत होती है। कल्पनाशीलता के आधार पर कलाकार साक्षात्कार करता है। किसी भी कलाकार को कोई भी भूमिका दे दी गई तो सबसे पहला काम है, उसको जो भूमिका मिली है, उस भूमिका के साथ उसे एकरूप होना पड़ता है।

भूमिका कुछ भी मिली, भरत की मिली, राम की मिली, हनुमान की मिली, खर-दूषण की मिल गई हो या किसी की भी मिली हो तो जो भूमिका मिली है, कलाकार उसके साथ एकाकार होने की कोशिश करता है। असली पात्र कैसे बोलता है, कैसे चलता है, कैसे बैठता है, कैसे विचार करता है—इन सारी बातों

का अध्ययन करते-करते वैसा ही होने की कोशिश करता है। वैसा ही हो जाता है तो श्रेष्ठ कलाकार हो जाता है, अर्थात् पहले तो अहं निकल जाता है।

'मैं कौन हूँ' का भाव समाप्त हो गया। अंदर एक दूसरा पात्र आ गया। इतना एकात्म भाव साधना के ही काम से हो सकता है। बड़ी साधना। एक कदम और आगे बढ़ जाता है, व्यक्ति कि उसका अहं निकल जाता है। अहं निकलते ही वह समष्टि के साथ परमात्मा के साथ मिलने के लिए तैयार हो जाता है। उसको ध्यान में आता है कि 'मैं जो हूँ' और 'ये', दोनों एक ही हैं। मैं और ये परमात्मा से मिलकर दो नहीं हैं, एक ही हैं।

ऐसा करते-करते कलाकार उस सत्य में जीता है, उस सौंदर्य में जीता है, उस शिव के रूप में जीता है। ऐसा करते-करते कलाकार देखता है कि मैं पूरी तरह वैसा ही हो गया। मान लीजिए कि उसको जुआरी का पात्र मिल गया। वह समझता है कि वह बिल्कुल वही है तो उसमें उसको अनिर्वचनीय सुख मिलता है।

आजादी की लड़ाई के समय की बात है। बंबई में एक नाटक हो रहा था। नाटक में ही एक पात्र ने एक महिला के साथ दुर्व्यवहार शुरू कर दिया। लोकमान्य तिलक उसको देख रहे थे। अचानक बेंत लेकर उठकर आ गए और उसको मारने लगे। तुरंत उसने लोकमान्य तिलकजी का पैर पकड़ लिया और बोला—महाराज, मैं सफल हो गया, यह तो नाटक था।

लोकमान्य तिलक भूल गए कि यह नाटक है। लोकमान्य तिलक को लगा कि यह वास्तविकता में हो रहा है। ऐसे में यह कैसे हो सकता है कि वे बैठे देखते रहें। उस कलाकार को जो आनंद मिला, वह ऐसा अद्भुत आनंद है कि वह कलाकार स्वयं एक स्रष्टा बन जाता है। कलाकार ने वह रूप रख लिया तो यह अध्यात्म साधना है, लेकिन यह छोटी बात नहीं है।

नृत्य और नृत्त

कलाकार हर एक पात्र के साथ एकरूप होता चलता है। कल्पना कीजिए, द्रौपदी की भूमिका मिल गई और वह द्रौपदी बन गया। कैकेयी का पात्र मिल गया तो कैकेयी बन गया। धीरे-धीरे उसका अहंकार निकल जाता है। यह

आध्यात्मिक साधना है, सामान्य चीज नहीं है। उसमें डूबते जाना है।

हर हाल में एक मौलिक बात पक्की है कि कलाकार कोई भी हो, उसकी साधना का मूल उद्देश्य एक ही है, और वह है अध्यात्म। इसीलिए स्कंद पुराण में कहा गया है, कोई भी कला का स्वरूप हो, गीत है, नाट्य है, वाद्य है, नृत्य है या कोई भी है, अंत में ध्यान रखना है कि वह विष्णु का स्मरण ही है।

"गीतं वाद्यं च नृत्यं च नाट्यं विष्णु कथां मुनिः।"

तुम चाहे नृत्य करो, गीत गाओ, चाहे कुछ भी करो, किंतु ध्यान में रखो कि वह अंततोगत्वा ईश्वर की साधना का ही रूप बन जाए। जो ऐसा करता है, साधना में लीन हो जाता है, वह सच में पुण्यात्मा हो जाता है। छत्तीस तत्त्वों में एक तत्त्व कला है। यह कला शिव के साथ है। जब शिव निद्रा में से अर्थात् शांत भाव से उठते हैं, निष्क्रिय भाव से शिव उठते हैं तो शिव के साथ के साथ में ललिता महामाया के रूप में सक्रिय हो जाती है इसलिए हम लोग कहते हैं, यह ललित कला ललिता से है।

यह शिव के साथ है। यह शिव की चिर लीला सखी है। चिर इसके चिन्मय साथी हैं। दोनों मिल करके सृष्टि की रचना करते हैं तो यह आनंदमय है। खेल-खेल में सारी सृष्टि की रचना हो रही है, यह ध्यान में रखने की बात है। यह ईश्वर का खेल है—'क्रीड़ा ते लोकरचना'। यह लोकरचना हो रही है लेकिन 'सखा ते चिन्मय शिव'। शिव चिन्मय सखा के रूप में भाग ले रहे हैं, लेकिन इस लोकरचना में आनंद है।

'आहारस्ते सदानन्दो भासस्ते हृदयं शताम्'। और ऐसा करते-करते आनंद हो रहा है। शिव और शिव के साथ ललिता, ये दोनों मिलकर कर रहे हैं। सारी सृष्टि की रचना चल रही है। दो बातें इसमें बहुत सुंदर हैं। शिव नृत्यकर्ता हैं और शिव के साथ जो ललिता है, वह लास्य करती है, नृत्य करती है। थोड़ा-सा अंतर है। एक नृत्य है, एक नृत है।

शिव का नृत्य जो है, उसमें आनंद है। उसमें भावना है। उसमें हृदय है। यह बुद्धि का काम नहीं है। जो नृत्य है, बुद्धि के और ऊपर है, दोनों साथ-साथ चलते हैं। एक कर्म-शक्ति है, जो निर्माण के कार्य में लीन है। एक लास्य है, वह आनंद में डूबा हुआ है।

दोनों का साथ-साथ मिलन साथ-साथ संचालन होता रहता है। जैसे हम लोग कह सकते हैं कि खेत में बैल चलता है और बैलों के गले में घंटी है। घंटी बजती है तो बैल झूम-झूमकर चलता रहता है। बैल को भी नहीं लगता कि परिश्रम हो रहा है।

खेत में महिला बीज बोती है या चक्की पीसती है, कोई छोटा-मोटा काम करती है और कोई गीत गुनगुनाती चल रही है। श्रम है, लेकिन लास्य भी है। उसको परेशानी अनुभव नहीं होती। टैक्सी का ड्राइवर है, वह आठ-आठ घंटे आँखें फाड़कर टैक्सी चलाता है, लेकिन ट्रांजिस्टर लगाकर गाना सुन रहा है तो प्रसन्न है, मगन होकर गाड़ी चला रहा है। घंटों गाड़ी चलाता है। गाना सुन करके, कोई भजन सुन करके चला रहा है।

ये दोनों साथ हो जाते हैं तो जीवन आनंदमय हो जाता है। नृत्य-नृत का संगम। भारत के मनीषियों ने सृष्टि के खेल का जो वर्णन किया है, अद्‌भुत है। बच्चों को सिखाते हैं, छोटा अ, बड़ा आ, छोटी इ, बड़ी ई लेकिन जब हम उसको सिखाते हैं अ से अनार, आ से आम तो वह देखता है, खुश होता है। खेल-खेल में जल्दी सीख जाता है। यह क्या है छोटा अ, बड़ा आ नृत्य है। हमने अ से अनार, आ से आम सिखाया, यह लास्य है।

भाव कहने का यह है कि जीवन में नृत्य तो रहेगा ही रहेगा, काम तो रहेगा ही रहेगा, पर क्या इस काम को लास्य के साथ, आनंद के साथ कर सकते हैं। अगर ऐसा हमने किया तो कला इसके साथ-साथ चलती है और जीवन भर चलती है।

बड़े-बड़े वैज्ञानिक, आइंस्टीन जैसे लोग भी परेशान हो जाते हैं और आकर शाम को सितार, गिटार, पियानो, कुछ-न-कुछ बजाने लगते हैं। वे बड़े साइंटिस्ट है, लेकिन शांति नहीं है। खोज है, प्रसिद्धि है, शांति नहीं है। शांति के लिए संगीत चाहिए, शांति के लिए गायन चाहिए, शांति के लिए चित्र चाहिए, कोई कला चाहिए।

कला मिल जाती है तो शांति मिल जाती है अर्थात् कला हृदय का काम, मन का काम है। यह शिव का काम है। सारी सृष्टि में दोनों को साथ लेकर ही चला गया है। कला में दो भाग हैं—एक है कला का क्रिया पक्ष और एक है कला का ज्ञान पक्ष। क्रिया पक्ष दिखता है, ज्ञान पक्ष इसके अंदर है। वेदों ने जो दिया है,

दर्शन ने जो दिया है, वह ज्ञान है। जो दिखता है, जो कार्यक्रम हो रहा है, वह क्रिया है। क्रिया और ज्ञान, दोनों को मिलाकर ही कला का पूरा रूप बनता है।

कला और काव्य

हमारे यहाँ इस कला को वैदिक काल से ही स्थान दिया गया है। वैदिक ऋषियों ने इसको समझा कि जो अच्छा, सुंदर ज्ञान है, उसको कला के रूप में समझिए। इसीलिए वेद काव्य में आए। रामायण काव्य में आया, महाभारत काव्य में आया, गीता काव्य में आई, पुराण काव्य में आए। सब चीजें भारत में काव्य में आईं।

काव्य गाकर सुनाया गया। गाकर सुनाया तो अच्छा लगने लगा। काव्य मन में, स्मरणशक्ति में बैठ जाता है। वैदिक ऋषि दस हजार, पंद्रह हजार वर्ष पूर्व वैदिक ऋचाओं को गा-गाकर सुना रहे हैं और लोगों को आज तक याद हैं। क्यों, क्योंकि वह सब काव्य में था। टैक्स्ट में याद करना मुश्किल होता है।

हमारे देश का सारा साहित्य काव्य में आया, गायन में आया, वादन के साथ आया और इसीलिए स्थिर है आज। आज हम इन्हें सुरक्षित रूप में लेकर दसियों, बीसियों हजार साल बाद भी खड़े हैं। अपने तमाम सुंदर वाङ्मय को लेकर आज भी हम चल रहे हैं, क्योंकि इसके साथ कला जुड़ी हुई है।

स्वर की स्मृति बहुत लंबी है। स्वर एक बार मन में बैठ गया तो बना रहता है। हमने कोई चार पंक्ति का टैक्स्ट दे दिया कि याद करके लाओ तो बहुत समय लगता है, पर चार पंक्तियाँ गाकर बता दीं तो वे आसानी से याद हो जाती हैं। भारत में एक सुंदर परंपरा प्रारंभ काल से ही चली आ रही है कि जितना भी सुंदर साहित्य, दर्शन, विचार हो, सबको कला के साथ जोड़कर चलिए। कुछ वैसे ही जैसे शिव के साथ लास्य है।

वैदिक परंपरा से लेकर आज तक हम लोग देखते हैं कि हर सुंदर साहित्य किसी-न-किसी कला के रूप में लोकमन में बैठ जाता है। इसका सुंदर उदाहरण देखना है तो हमें बारहवीं शताब्दी से लेकर अठारहवीं शताब्दी तक भक्तिकाल के सारे संतों को देखना चाहिए। वे संत अपना कोई साहित्य लिखते हैं तो कला के साथ।

चाहे गुरु नानकदेव हों, चाहे नामदेव, तुकाराम हों, असम के शंकरदेव हों, सूरदास और मीराबाई हों, हजारों संत रहे हैं देश में, उन सबने कला का सहारा लिया। सबने अपने-अपने वचनों को एक स्वर में बाँध दिय। सबका कोई-न-कोई राग है। सब किसी-न-किसी वाद्य के साथ गाए जाते हैं। सारा-का-सारा समाज विद्वान् भले न होगा, लेकिन कबीर के दोहे, मीरा के पद, सूर के भजन, तुलसी की चौपाइयाँ, नानक के सबद गाए जाने के कारण याद हो गए।

इस मौलिक तत्त्व के ज्ञान को, गहन ज्ञान को नीचे तक हजारों-लाखों-करोड़ों लोगों के कंठ में उतारने का काम जो किया, वह कला ने ही तो किया। कला के कंधे पर बैठकर भक्ति आंदोलन पूरे देश में फैल गया। दुनिया भर में फैल गया। इसका श्रेय कला को है।

पाश्चात्य जगत् में यह नहीं था। उन्होंने कला को दुत्कार दिया या अपने साहित्य में कला को कोई प्रश्रय नहीं दिया। साहित्य तो आया, लेकिन जिस तरह से हमारे यहाँ का व्यक्ति उसको सुंदर वाणी में गाता है, कंठ में लेकर बैठता है, वह भाव उनके यहाँ नहीं बना। उस भाव से वे दूर रहे। इसलिए भारत में जब कभी कोई ऐसी समस्या आई तो कला एकदम सामने आ गई।

कला ने उस समस्या का समाधान दे दिया। इस मौलिक तत्त्वज्ञान को, इस मौलिक दर्शन को हम बचाएँगे। उदाहरण के लिए, मैं बताऊँ तो समझने की जरूरत है कि तुलसी ने मानस लिखने के बाद रख नहीं दिया। रख देते तो रखा ही रह जाता। उसको कला ने पकड़ लिया। बाबा ने उसको कला दी, गाना सिखाया। चौपाइयों को स्वर दिया, छंदों को अलग स्वर दिया। सोरठा अलग तरह से गाया गया। वाद्य अलग तरह से बजे, मंचन हुआ। पात्र आ गए, रामलीला शुरू हुई।

सारे देश में रामलीला, कम-से-कम उत्तर भारत में गाँव-गाँव में होने लगी। इसका श्रेय कला को है। कला के कंधे पर बैठकर पूरा-का-पूरा साहित्य दर्शन गाँव-गाँव चला गया और घोर अंधकार के समय, घोर निराशा के क्षणों में बाबा तुलसीदास हजारों कलाकारों को लेकर प्रस्तुत हो गए।

समाज के सब तरह के लोगों को साथ ले लेते थे। कोई छूत-अछूत नहीं, कोई छोटा-बड़ा नहीं। यह रावण की सेना है, यह राम की सेना है। सुग्रीव,

नल–नील सब आ गए। कोई भी पात्र बनता है। चलो, इस बार तुम सुग्रीव बनो, अगली बार तुमको भरत बनाएँगे। हर जाति–बिरादरी को लेकर, वाद्यों को लेकर, गायकों को लेकर मंचन शुरू हुआ तो गूढ़ दर्शन जो था राम का, वेदों का, सब नीचे तक आ गया घर–परिवार के दर्शन जैसा।

घर–घर में राम जैसा। धर्म कैसा, राम जैसा। राम धर्मज्ञ हो गया। राम धर्मधुरीण हो गया, राम परिवार में आदर्श हो गया। जब मंचन हुआ तो लोगों ने मन से देखा, हृदय से देखा। कई बार रामलीला देखने चले जाते थे, देखते थे कि राम–सीता का वनवास हो रहा है। कल तो इनका राजतिलक होना तय था, आज वनवास हो रहा है। सीता ने सबका चरण स्पर्श किया है। सबके चरणों में सिर रखकर जैसे ही सीता कैकेयी के चरणों में सिर रखती हैं, पूरा–का–पूरा समाज रोने लगता है।

जो लोग रामलीला देख रहे हैं, सब रोने लगते हैं। क्यों ? क्योंकि उनको लगता है कि यह ज्यादती हो गई। हजारों साल पहले घटना घटी थी, लेकिन कला ने उसको रूप दिया है, कला ने उसको भाव दिया है, कला ने उसको संवेदना दी है। कला ने इस भाव को लोगों के मन में इतना गहरा उतार दिया कि लोगों को लगने लगा कि सीता हमारी हैं, राम हमारे हैं; भरत, लक्ष्मण, हनुमान हमारे हैं। यह विचार–दर्शन लोगों के मन में बैठ गया।

यह है कला का यश, कला का दर्शन, कला का मर्म, कला का धर्म। मिस्र में भी बहुत कहानियाँ हैं। राम कोई ऐतिहासिक पुरुष नहीं हैं। राम मर्यादा पुरुषोत्तम लोगों के हृदय में विराजमान ऐसे व्यक्ति हैं, जो हट नहीं सकते, क्योंकि कला उसको जीवित रखती है। बहुत सी कहानियाँ हैं मिस्र में, ग्रीक में, रोम में, पर्सिया में, लेकिन उन्हें कोई नहीं सुनता। किसी कहानी का मंचन कहीं नहीं होता। कोई याद नहीं करता, कोई देखकर रोता भी नहीं है।

जहाँ रामायण होती है, तब लोग रोने लगते हैं, भागवत होती है तब लोग रोने लगते हैं, क्योंकि समाँ ऐसा बँधता है। दर्शन तो गूढ़ होता है, नीरस होता है। दर्शन सरस नहीं होता, लेकिन कला उस गूढ़, नीरस दर्शन को सरस बनाकर लोगों के हृदय में कैसे बैठा देती है, यह अद्‌भुत है।

मैंने प्रारंभ में ही कहा कि कला संस्कृति के अंदर बैठा जो अध्यात्म रूपी दर्शन है, उसको अपने कंधे पर लेकर चलती है। लोगों के हृदय में जब तक नहीं

बैठा देती, तब तक कला सफल नहीं है। कला चरित्र के उत्थान की सबसे सरल विद्या है। चरित्र-उत्थान कैसे होता है, यह कला सिखाती है।

नाटक का भाव

छोटे-छोटे नाटक, छोटी-छोटी कविताएँ, छोटे-छोटे प्रसंग अपने देश में हजारों साल से चले आ रहे हैं। दो वर्ष पूर्व मैं कर्नाटक में था। संघ शिक्षा वर्ग के एक शिविर की बात है। सायंकाल एक नाटक का मंचन हुआ, 'पुण्यकोटि गाय'। बहुत छोटा-सा नाटक। कहानी छोटी-सी, बहुत सरल।

एक गाय जंगल में गई। वहाँ एक सिंह उसको खाने को दौड़ता है। गाय कहती है कि भाई, हमको छोड़ दो, हमारा एक बच्चा है, उसको दूध पिलाकर हम फिर आ जाएँगे। सिंह कहता है कि नहीं आई तो! गाय कहती है कि नहीं, मैं आ जाऊँगी, वचन देकर जा रही हूँ। जरूर आ जाऊँगी। सिंह भरोसा कर लेता है। गाय चली जाती है और बच्चे को दूध पिलाती है।

दुबारा चलने से पहले सभी अपनों को बुलाकर कहती है, 'हमको सिंह मिल गया था, हम जा रहे हैं। इसको दूध पिला दिया है, आगे से हमारे बच्चे की देखभाल तुम लोग करना।' कुछ चतुर लोग कहते हैं कि छोड़ो, सिंह यहाँ थोड़े ही आएगा। गाय कहती है कि नहीं, हमने वचन दिया है तो हम जाएँगे। गाय चली जाती है तो सिंह फिर मिल जाता है उसको।

सिंह ने पूछा, कैसे क्या हुआ, किस्सा सुना। तो गाय कहती है, 'मैंने बच्चे को दूध पिलाया, अब बच्चे को मैं सबको सौंपकर आ गई हूँ। अब आप मुझे खा सकते हैं।' सिंह का मन भी एकदम बदल गया। सिंह भी करुणा में डूब गया, ऐसा उस नाटक का सार है। रोचक है कि जो उस नाटक का मंचन करते हैं, छोटे-छोटे बच्चे हैं, पात्र हैं, सब शांत हो जाते हैं।

गाय जो सबको प्रवचन देकर जाती है कि सत्य से हिलना नहीं, डिगना नहीं तो लोगों को भी लगता है कि हाँ, सत्य से नहीं हिलना, नहीं डिगना। सत्य को लोगों के मन में बैठाने के लिए ही 'पुण्यकोटि गाय' नाटक रचा गया। कर्नाटक में इतना प्रचलित है, इतना रोचक है 'पुण्यकोटि गाय' कि बच्चा-बच्चा समझ जाता है। छोटे-छोटे बालकों के मन में कोमल संस्कार रहता है। ऐसे नाटक से

दूरगामी परिणाम निकलते हैं। जीवन भर यह संस्कार हिलता नहीं।

गांधीजी ने 'हरिश्चंद्र' नाटक देखा तो देखिए कि कैसे सत्य पर टिके रहे, जीवन नहीं भूले। तो कला चरित्र के उत्थान में ऐसी भूमिका निभाती है, ऐसा वातावरण निर्माण करती है कि लोगों के मन में बैठा भाव स्थायी हो जाता है।

कलाकार सामने कोई दृश्य देखता है, मन में किसी दृश्य की कल्पना करता है तो उसके अंदर की जो प्रज्ञा है, अंतर्बोध है, इंट्यूशन है, उस कल्पना से उसे जीता है। उसके साथ एकाकार हो जाता है। उस ऑब्जेक्ट के साथ एकात्म हो जाता है और फिर अनेक प्रकार से विचार करता है। जितना वह गहराई में डूबता जाता है, तो चाहे वह गीत लिखे, नाटक लिखे या और कुछ भी हो, आगे बढ़ता है। उसमें जी करके वह जो आनंद पाता है, उसी को लोगों तक पहुँचाना चाहता है। अपनी कल्पना का चित्र जब तक लोगों के मन में नहीं उतार देता, उसको लगता है कि सफलता नहीं मिली।

कलाकार एक इंट्यूशन करते-करते उसे अपने अंदर ले जाता है। यहाँ लाते-लाते वहाँ ले जाता है। यह एकात्मबोध की प्रक्रिया बड़ी मजबूत प्रक्रिया है। यह कलाकार के बस का ही काम है। पश्चिमी जगत् में बाहर से व्यक्ति देखता है। कोई मूर्ति है कितनी सुंदर है, वह आकलन करता है। उसका विश्लेषण रूप, रंग देखकर करता है। मुख्य रूप से आकृति देखता है।

भारत में उल्टा होता है। भारतीय कलाकार अंदर देखता है पहले। अंदर देखकर उसके अंदर के भावों से उसका मूल्यांकन करता है। भारत में क्या होता है कि मानो किसी ने बुद्ध देखा तो बुद्ध कैसा है, यह महत्त्व की बात नहीं है। बुद्ध को देखते ही उसके मन में भाव जगता है—बुद्ध क्या है, बुद्ध कैसा है। बुद्ध का सारा-जीवन उसके मन में उतरता चलता है और जैसा बुद्ध था, वैसा भाव मन में बैठ गया। फिर बुद्ध की मूर्ति सुंदर नहीं भी होगी तो भी चलेगी। कोई दिक्कत नहीं है।

भारतीय जगत् की कला और पाश्चात्य जगत् की कला में यही अंतर है कि पाश्चात्य जगत् की कला में लोग बाहर से देखकर एक अनुमान करते हैं, भारत की कला में उसकी भावनाओं को देखकर निर्णय करते हैं। उसके इमोशंस में जाते हैं, उसकी स्पिरिट में जाते हैं। बाहर का रूप थोड़ा सुंदर नहीं भी होगा तो भी चलेगा।

पात्र और पात्रता

कलाकार को भरत मुनि ने पात्र कहा है। पात्र का एक दर्शन है। जिस पात्र में दूध रखा है, पात्र दूध का ही रूप ले लेता है। पात्र में जल रखा है तो जल का ही रूप ले लेता है। बात पात्र की है। पात्र का संस्कार शुचितापूर्ण हो, सत्यनिष्ठ हो, प्रामाणिक हो, साधनामय हो, यह आवश्यक है। वह भूमिका कौन सी कर रहा है, यह द्वितीय दर्जे की बात है। इसलिए यह पात्र जो है, इसकी साधना है।

हम कहते हैं, सबके अंदर एक ब्रह्म है—काला, गोरा, राजा, रंक, सब ब्रह्म समान हैं, सबके अंदर ब्रह्म है। बस बाहर की आकृति, बाहर की क्षमता भिन्न-भिन्न है। इसमें उल्टा है, पात्र समान है। कलाजगत् में पात्र के बारे में जो कहा गया है, वह अलग-अलग नहीं है। पात्र की शुचिता, सत्यनिष्ठा, प्रामाणिकता सबके लिए अलग-अलग नहीं, सबके लिए कॉमन है।

भूमिका क्या मिली, अभिनय क्या करता होगा, यह दूसरे दर्जे की बात है, लेकिन असली बात है कि वह डूब गया उसमें, उसके अनुरूप ही हो गया। बस यह उसकी सफलता का सबसे बड़ा रहस्य है। अगर वह अपनी साधना से वैसा ही हो गया तो वह सफल है।

किसी फिल्म में के.एल. सहगल साहब को गाना गाना था। गाना सात-आठ बार हो गया। गाना थोड़ा दु:ख का था। थोड़ा रोने का भाव था। डायरेक्टर बार-बार रिजेक्ट कर देते कि दुबारा गाओ।

घंटे-आधा घंटे रुककर सहगल फिर गाते। आखिर सहगल साहब भी थोड़ा दु:खी हो गए कि कितनी बार गाऊँ। डायरेक्टर ने कहा कि नहीं, एक बार अच्छे से गाइए।

इस बार सहगल साहब ने सिर्फ गाया ही नहीं, बल्कि फूट-फूटकर रोने लगे। गाते-गाते ही रोने लगे और दूसरी तरफ रिकार्डिंग चलती रही। सहगल साहब की आँखें बंद। गाना खत्म हुआ तो डायरेक्टर ने उनको गले लगा लिया कि वाह भई, बहुत अच्छा गाया आपने। सहगल साहब को लगा कि अब तक कहाँ थे। भूल गए वे कि कहाँ थे। दरअसल, वे उसी पात्र में जाकर बैठ गए। उसी के साथ एकरूप हो गए। उनको लगा कि वह मैं ही हूँ। इसी में कलाकार

की सफलता है। वह वैसा ही हो जाता है साधना करते-करते तो हम कहते हैं कि वह ब्रह्म के निकट आ गया है।

पाश्चात्य जगत् के बहुत से लोगों ने जब भारत पर आक्रमण किया तो भारत की कलाओं को भी देखा। हम मंदिर बनाते हैं, मंदिर की दीवारें बनती हैं। देश भर में मंदिर सौ तरीके से बनेगा लेकिन मंदिर एक ही होगा। वह शिव का मंदिर होगा, हनुमान का मंदिर होगा या देवी वगैरह का मंदिर होगा। मंदिर कोई भी हो, देवता कोई भी हो, उसका भाव एक ही होता है।

यानी ईश्वर के साथ साक्षात्कार करने का साधन है मंदिर। उसकी कलाकृतियाँ यही निर्देश करती हैं। कोई भित्तिचित्र है तो उस भित्तिचित्र के पीछे कल्पनालोक एक ही है। कोणार्क का सूर्य मंदिर देखिए, अजंता की गुफा देखिए, दक्षिण के मंदिर देखिए। उनमें उकेरी गई कलाकृतियों के पीछे जाएँगे, दीवारों के पीछे जाएँगे तो पता चलेगा कि अंततोगत्वा लक्ष्य एक ही है। उसमें चाहे शिव बैठे हों, विष्णु बैठे हों, वह सब गौण बात है।

मंदिर के पीछे की कल्पना एक है, कलाकार भिन्न-भिन्न प्रकार से उसे रूप देता है। बाहर के लोगों ने सोचा कि इसी में इनका धर्म है तो उन्होंने उसे तोड़ दिया, लेकिन कला ने उनको तोड़ते देखकर रूप बदल लिया, क्योंकि उनमें आत्मा थोड़े ही थी। आत्मा तो लोगों के अंदर भावना में थी। वे इन लोगों की भावना को नहीं तोड़ सके, जो फिर से मंदिर निर्माण करने के लिए तैयार रहती थी।

चाहे कितनी बार मंदिर तोड़ते गए लेकिन वह जो भावना बैठी थी, उसके चलते वे फिर से कलाकार को लेकर आते थे और नई कला से नया सृजन कर देते थे। मंदिर टूट गए, जाने दो, हम भजन करेंगे, कीर्तन करेंगे। कला कीर्तन के रूप में आ गई।

चैतन्य महाप्रभु ने झाँझ-मंजीरा ले लिया, मृदंग ले लिया। छोड़ो मंदिर, क्या रखा है मंदिर में! जाने दो, हमारा अध्यात्म तो हमारे हाथ में ही है। झाँझ-मंजीरा-मृदंग हमारे हाथ में हैं तो बिल्डिंग में क्या रखा है, छोड़ दो, जाने दो उसे।

कला परिवर्तनशील है

जैसे ही कोई संकट आता है, विपरीत परिस्थिति आती है, कला अपना मार्ग

बदल देती है, दूसरा रूप ले लेती है। बड़ा मंदिर छोड़ दीजिए, छोटे ठाकुरजी घर में विराजमान हो जाते हैं।

बड़े-बड़े सभागृह छोड़ दीजिए, हम छोटा-छोटा कार्यक्रम कर लेते हैं। भजन-कीर्तन घर में ही कर लेंगे। अब झाँझ-मृदंग घर-घर में आ गए। कला ने रूप बदल लिया।

हम देखते हैं कि बारहवीं शताब्दी से अठारहवीं शताब्दी तक कला ने कितने रूप बदले हैं। मंदिरों के शिल्प छूट गए। जब मंदिर रह नहीं सकते तो छोड़ दो और यह होते ही एकदम कला नए रूप में आ गई। बारहवीं शताब्दी के पहले भजन-कीर्तन कहीं नहीं दिखते। झाँझ-मंजीरा-मृदंग भी नहीं दिखते। कला की अपनी प्रकृति है, एकदम नए रूप में आती है। संकट में कौन-सा रूप रखना है, वह ले लेती है।

इस प्रकार जो सारे धर्म का नाश करने वाले थे, उनको भी समझ में आ गया कि धर्म का नाश, कला का नाश ऐसे नहीं होता। शब्द में प्राण नहीं होता, शब्द स्थूल होता है। जैसे ही शब्द को स्वर मिल जाता है, वह प्राणवान् हो जाता है। सामान्यत: कोई शब्द लिखा है, इसका कौन-सा भाव है, समझना मुश्किल है, लेकिन जब गायक इसको गाना शुरू करता है और भिन्न-भिन्न विधाओं में गाता है, एक-दो शब्द को ही दसियों प्रकार से गाता है तो भाँति-भाँति की अर्थ-ध्वनियाँ निकलती हैं।

जैसे लिखा है, न जाओ···। 'न जाओ' में क्या है? विनय भी हो सकती है, आग्रह भी हो सकता है, जिद भी हो सकती है, हठ भी हो सकता है। नाराजगी हो सकती है, दु:ख भी हो सकता है। गायक कैसे गाता है, उसके ऊपर निर्भर करता है। शब्द तो स्थिर है, स्थूल है, लेकिन देखने की बात है कि गायक उसमें प्राण कैसे भरता है।

'सखी श्याम नहीं आए' डागर बंधुओं ने इसको गाया। देखिए कि कितने प्रकार से गाते हैं वे इसको। सखी श्याम नहीं आए··· इसमें आग्रह भी हो सकता है, दु:ख भी हो सकता है, विरह हो सकती है, वेदना हो सकती है, क्षमा भी हो सकती है, लेकिन कवि के गाने के ऊपर है कि कितने प्रकार से किन-किन भावों से वह गाता है। आप देखिए कि नीरस दिखनेवाला स्थूल-सा शब्द जो है,

उसको कवि कैसे प्राणवान् बना देता है।

तात्पर्य यह है कि कला एक विशेष प्रकार का रूप लेकर चलती है। कला विशेष प्रकार के युग में विशेष प्रकार का भाव लेकर चलती है। कला भारतीय मन में अध्यात्म को लेकर चलती है। पाश्चात्य जगत् की कला इस अध्यात्म से सामान्यत: बहुत दूर रहती है।

युग-युग के सत्य की जो खोज है, उस सत्य की खोज का नाम भारत में कला है, क्योंकि अध्यात्म तो निश्चित है। वह बड़ा नहीं है, वह विस्तीर्ण भी नहीं है, लेकिन उस सारे-के-सारे अध्यात्म को एक स्वरूप देने का काम, उस अध्यात्म को एक रूप देने का काम कला करती है। वैसे आत्मा तो दिखती नहीं, लेकिन रूप धरती है तो जीव दिखता है। अध्यात्म दिखता नहीं।

अध्यात्म साहित्य में है, टैक्स्ट में है तो नीरस दिखता है। पर सारी आध्यात्मिक जानकारियों को, आध्यात्मिक परंपराओं को, संवेदनाओं को, सारी सृष्टि को कला भिन्न-भिन्न रूप में ले चलती है। कला बताती है कि सारी प्रकृति, सृष्टि एक है। सबका एकात्मबोध करा देती है।

प्रकृति और कला

पांडिचेरी आश्रम में श्रीमाँ ने एक दिन मेज पर फूल सजा दिए और पूरे बारह घंटे घड़ी के बना दिए। बारह क्रमांकों पर कुछ फूल थे। एक, दो, तीन घड़ी बनाकर हर क्रमांक पर पाँच-पाँच, छह-छह फूल रख दिए और बच्चों को बुलाकर पूछा, बच्चो! यह क्या है? बच्चे समझ नहीं पाए। श्रीमाँ ने कहा, यह फूलघड़ी है। बच्चों ने पूछा, फूलघड़ी कैसे है माँ? माँ ने कहा, 'देखो, ऐसा है कि एक बार लक्ष्मी आई थीं, उनको समय का ज्ञान नहीं होता था। वे भ्रम में पड़ गईं। क्या समय है, समझ में नहीं आता। तो तुरंत वनदेवी आईं और एक-एक फूल को बताया कि तुमको बारह बजे खिलना है, तुमको एक बजे, तुमको दो बजे। प्रात:काल से लेकर पूरे चौबीस घंटे का बना दिया।' अर्थात् हर फूल का एक समय है। प्रात: तीन बजे, चार बजे से लेकर भोर से लेकर रात्रि तक खिलने का समय है।

श्रीमाँ ने प्रकृति को दिखाया, बच्चे आनंद-विभोर हो गए। प्रकृति कितनी एकरूप है हमारे साथ। जब कोई बालक गंगा का चित्र बनाता है, गंगाघाट पर आने वाला आदमी एकरूप हो जाता है। पहाड़ अपने, जंगल अपने, सारी वनस्पतियाँ अपनी, जीव-जगत् अपना, सारी सृष्टि अपनी, सभी मनुष्य अपने ही हैं, यह बोध कराता है।

कभी गायन, कभी वादन, कभी नृत्य, कभी मूर्ति, कभी भित्तिचित्र के माध्यम से कला अभिव्यक्ति देती है। विभाजन नहीं, द्वेष नहीं, घृणा नहीं, स्पर्धा नहीं। कला सद्गुणों की सृष्टि करती है, इसलिए कला इस अध्यात्म को अपने साथ लेकर विचरण करती है तो वास्तव में धर्म की ही स्थापना करती है। इसलिए कला का अर्थ ही यही है, कला का भाव ही यही है। कला की आत्मा धर्म है, कला की आत्मा अध्यात्म है। यदि वह नहीं तो कला, कला नहीं।

नृत्य में अगर वह भाव नहीं है, जो मन के भावों को ऊँचा ले जाए तो उस नृत्य का क्या अर्थ है! जो भीतर की भावनाओं को ऊपर नहीं पहुँचाता, उसका क्या मतलब है! उन गीतों का क्या अर्थ है, जो संगीत मन में गहराइयाँ नहीं पैदा करते! उस संगीत का क्या अर्थ है। जो मन को और उदात्त नहीं बना देता! इसलिए यह कला मोद देती है, बोध भी देती है, ज्ञान और आनंद भी देती है।

आनंद और ज्ञान को साथ लेकर चलते हुए सारी सृष्टि का, जो लोकमंगल देखे और उसी में रत रहे, वही कला है, वही कला का दर्शन है।

□

संस्कार से संस्कृति की ओर

✍ *शेखर सेन*

ताँबा मानुस जात इक, दोष से काला होय।
रगड़ लगे संस्कार की चमकत दमकत होय॥

ताँबे का गुण मनुष्य जैसा है, अपने विषाक्त दोषों से जल्दी ही काला पड़ जाता है। पर संस्कारों से नियमित माँजा जाए तो सोने से भी अधिक चमकने-दमकने लगता है।

संस्कृति को शब्दों में अभिव्यक्त करना कठिन है। हाँ, भावों से उसकी अभिव्यक्ति हो सकती है। एक व्यक्ति शिक्षित हो सकता है, पर सुसंस्कृत हो, यह जरूरी नहीं। यह एक सवाल है कि अगर कोई साधन संपन्न है, तो वह सुसंस्कृत है यह नहीं। वह मालदार हो सकता है, प्रभावशाली हो सकता है, पर संस्कृति की सुगंध से सुवासित है या नहीं, इसका पता बाद में चलता है। संस्कृति एक खुशबू की तरह है, जो बड़ों से बच्चे को, व्यक्ति से समाज को, समाज से देश को, देश से पूरे विश्व को अपनी सुगंध में सुवासित करती है। बोलकर अपनी बात बताई जाए, यह काम तो कोई भी कर सकता है, पर बोले बिना अपनी बात कहना, यह काम सिर्फ सुसंस्कृत व्यक्ति ही कर सकता है। साहित्य, संगीत, नृत्य, नाटक, चित्रकारी आदि ऐसी अनेक कलाएँ हैं, जिनका निरंतर संस्कार किया जाए, तभी हम अपने समाज को जीने की कला सिखा सकते हैं।

एक गीत याद कीजिए, जो हम सबने बचपन में सीखा था—

वंदे मातरम्
सुजलाम सुफलाम मलयज शीतलाम···

अच्छा बताइए, जब आपने ये गीत सीखा था, क्या आप जानते थे कि ये संस्कृत में लिखा गीत है और इसके रचयिता बंकिम चंद्र चटर्जी थे? या ये राग देस में स्वरबद्ध है? या ये आनंद मठ नाम के नाटक का एक अंश है? नहीं! पर, मात्र एक गीत सीख लेने से आपके ऊपर इन सारे संस्कारों की अमित छाप पड़ गई। सोचिए, अगर इसी उम्र में आपको भारत की अनेक भाषाओं के गीत सिखा दिए जाते तो आज हम और आप सांस्कृतिक रूप से कितने समृद्ध होते? यही बात नृत्य नाटक चित्रकारी जैसी हमारी अनेकानेक कलाओं के साथ भी लागू होती है। छंदशास्त्र, नवरस सिद्धांत जैसे न जाने कितने अमृत कलशों से हम वंचित रह गए।

हम ने नौकरी करने की शिक्षा पाई, व्यवसाय करने की शिक्षा पाई, पेशेवर बनने की शिक्षा पाई। पर इस जीवन को जीना कैसे है, वो हमें किसी ने नहीं सिखाया। जीने की कला सीखना और सिखाना ही भूल गए हम लोग। पेट तो जानवर भी भर सकता है, पर आत्मा में छुपे रस-स्रोतों से अभिसिंचित होना, यह मनुष्य के हाथ में है। आपको पता है, भारत के प्रत्येक मंदिर में एक नाट्यशाला या रंगशाला होती थी, हरेक मंदिर में प्रति गीत, संगीत, नृत्य, नाटक खेले जाते थे। आज भी उसके कुछ प्रमाण हमें मिलते हैं, जिन्हें आप टेंपल आर्ट फॉर्म कहते हैं, भरतनाट्यम, ओडिसी, हरिकथा, भागवतकथा, कुटियाट्टम्, रामलीला, मणिपुरी और सत्रीय नृत्य।

बहुत कम लोग जानते हैं कि आदिकाल में हमारे मंदिरों में कोई कर्मकांड नहीं होता था। कोई पूजा का विधि-विधान नहीं था। लोग मंदिर जाते थे, ऊर्जा पाने के लिए। अपनी बैटरी को चार्ज करने के लिए। हर दिन सुबह मंदिर जाइए, मन एकाग्र कर ध्यान करिए। फुल्ली चार्ज होकर अपने काम पर निकल जाइए। शाम को फिर घर लौटते हुए मंदिर में बैठ आइए। आज भी आपको ऐसे लोग मिल जाएँगे, जो इस सत्य की जानकारी के बिना भी हर दिन ऐसा कर रहे हैं। आज की भाषा में कहें तो मंदिर ऊर्जा के केंद्र हैं। जो पूरे समाज की बैटरी चार्ज करते थे, पर उस ऊर्जा के केंद्र को कौन चार्ज करता था? हमारे मंदिर के वास्तु को वह ऊर्जा कहाँ से मिलती थी? इसके ही लिए हमारे पूर्वजों ने मंत्र, संगीत, नृत्य और नाटक जैसे ऊर्जा के स्रोत ढूँढ़ निकाले। संक्षिप्त में कहें तो—मंदिर के

परिवेश को संगीत, नृत्य, कीर्तन आदि ऊर्जावान बना देती हैं और हमारे मंदिर समाज को सकारात्मक ऊर्जा से संचालित करते हैं।

भारत बड़ा भाग्यवान देश है। हमारे दो ऐसे शब्द हैं, जो दुनिया के किसी और देश में नहीं मिलेंगे, शब्द ब्रह्म और नाद ब्रह्म। हमारे मनीषियों ने इस सत्य को पाया था कि अपनी आत्मा में बसे परमात्मा को हम शब्द ब्रह्म और नादब्रह्म के माध्यम से पा सकते हैं। अब देखिए, तैत्तरीय उपनिषद् के ये चार शब्द, जो हमारे लिए शब्द ब्रह्म की ऊर्जा देते हैं—"सत्यं वद धर्मं चर"। सत्य बोलो, धर्मसम्मत कर्म करो।

ईशोपनिषद् का पहला मंत्र है—

ईशावास्यमिदं सर्वं यत्किञ्च जगत्यां जगत्।
तेन त्यक्तेन भुञ्जीथा मा गृधः कस्यस्विद्धनम्॥

जिसका सार है, जड़-चेतन प्राणियोंवाली यह समस्त सृष्टि परमात्मा से व्याप्त है। मनुष्य इसके पदार्थों का आवश्यकतानुसार भोग करे, परंतु 'यह सब मेरा नहीं है' के भाव के साथ उनका संग्रह न करे।

आइए, अब नाद ब्रह्म को समझ लें—नादब्रह्म को स्पष्ट करते हुए गीता के 10वें अध्याय में भगवान् श्रीकृष्ण कहते हैं—वेदों में मैं सामवेद हूँ—"वेदानां सामवेदोऽस्मि"। नारद संहिता में भगवान् कहते हैं—"नाहं वसामि वैकुन्ठे, योगिनां हृदये न च। कमद्भक्ताः यत्र गायन्ति, तत्र तिष्ठामि नारद।"

एक प्रश्न कभी-कभी मन में उभरता है कि भगवान् कृष्ण ने गीतोपदेश अर्जुन को ही क्यों दिया? धर्मराज युद्धिष्ठिर थे, महाबली भीम थे, ऐसा क्या गुण था अर्जुन में, जो और किसी में नहीं था और वह रहस्य था कि इन सबमें अर्जुन ही एकमात्र ऐसे थे, जो श्रेष्ठ धनुर्धारी होने के साथ-साथ श्रेष्ठ कलाकार भी थे।

हमारे-आपके जीवन से जोड़कर देखें तो नाद ब्रह्म यानी संगीत, नृत्य, नाटक से उस परब्रह्म को पाने का रास्ता गाते हुए गई बार आप सब भावमग्न हुए होंगे। नृत्य देखते हुए आपने राधा-कृष्ण के अलौकिक प्रेम को अनुभूत किया होगा और नाटक देखते हुए जब लक्ष्मण को शक्तिशैल बाण लगा, तब केवल राम विलाप नहीं कर रहे, हम सब की आँखें भीगती थीं।

भारतीय संस्कृति केवल अपने उत्थान की कल्पना नहीं करती, अपने सुख

की चिंता नहीं करती, अपितु सारे संसार, समस्त जड़-चेतन की कल्याणकारी अवधारणा को बार-बार रेखांकित करती है तभी तो ऋग्वेद की ऋचा यह उद्घोष करती है—

सर्वे भवन्तु सुखिनः। सर्वे सन्तु निरामयाः।
सर्वे भद्रा णि पश्यन्तु। मा कश्चित् दुःख भाग्भवेत्॥

तो प्रश्न है कि हम क्या कर सकते हैं? राजनीति का धर्म हमें सिखाता है कि प्रजा सुख रहे, पर सुख? वो कैसे मिलेगा? धन से ही अगर सिख मिलता तो अधिकांश धनी लोग मानसिक व्याधियों से ग्रसित न होते। सुख-सुविधाओं से अगर हम खुश हो जाते तो फिर जीवन में इतनी आपाधापी क्यों होती है? तो शायद कुछ गलत हो रहा है, कहीं ऐसा तो नहीं कि हम पेड़ की जड़ों में नहीं, बल्कि पत्तियों पर पानी डाल रहे हैं। सुख नहीं 'आनंद' चाहिए सर्वत्र। पाने में मिला सुख क्षणिक होता है, पर देने का आनंद चिरंतन होता है, देने का गुण सुसंस्कृति मनुष्य में अपने आप आ जाता है।

हम सबका सामूहिक दायित्व है कि हम सुसंस्कृत बच्चों की पौध तैयार करें। उनका पोषण दें, उनकी प्रतिभाओं को खाद-पानी दें। दिल पर हाथ रखकर कहिए, जब आपका बच्चा गाता है तो क्या आप मन-ही-मन गाने नहीं लगते हैं। जब हमारा बच्चा नाटक में अभिनय करता है तो क्या हम भी आत्ममुग्ध नहीं होते हैं।

उत्तर में कबीर, चैतन्य, नरसी मेहता, नामदेव, ज्ञानेश्वर, नानक, तुलसी, सूर और मीरा गाते हैं, तो 600 वर्ष के बाद भी उन चौपाइयों और भजनों से अपने जीवन की दिशा पाते हैं। दक्षिण के अनेकानेक संतों में से एक त्यागराज सच्चे सुरों में अपने आराध्य को पुकारते हैं, तो 250 वर्ष तक उनके स्वरों की अनुगूँज से पूरा भारत गूँजता है। गुरुदेव रवींद्रनाथ ठाकुर संगीत, नृत्य, नायक और साहित्य रचते हैं तो दशकों तक उसके सम्मोहन में भारतवासी अपने को और समृद्ध पाते हैं।

तो आज इन सब बातों को लेकर मंथन करने की आवश्यकता है। सवाल होंगे और जवाब आपको देने होंगे। मुझे नहीं, किसी और को नहीं, अपने आप को, क्योंकि आपके सवालों के जवाब की जरूरत आपसे ज्यादा और किसी को नहीं है।

□

कला का भारतीय दर्शन

✍ डॉ. एस.आर. रामास्वामी

मुझे प्रसन्नता है कि बौद्धिक जीवंतता और मन की परस्पर क्रिया को फिर से जीवंत करने के लिए एक नई पहल संस्कृति नैमिष्य की शुरुआत की गई है, जो गोमती नदी के तट पर स्थित नैमिष वन से संबंधित है। देश के उत्कृष्ट विद्वान् वहाँ शिक्षा-दीक्षा के लिए एकत्रत हुआ करते थे। समाज में जब कभी सामाजिक या धार्मिक संकट आता था, तब नैमिष सभा बुलाई जाती थी, जिसमें साधु-संतों को बुलाया जाता था।

नैमिष से इतिहास का जो ज्ञान होता था और समाज को सशक्त बनानेवाले दिशानिर्देश सामने आते थे, वे देश की पूरी आबादी को राह दिखानेवाले प्रकाश की भूमिका निभाते थे। आज जब समाज अनेक संकटों का सामना कर रहा है, तब स्थिति का आकलन करने के लिए आवश्यक है कि जानकार और स्वतंत्र सोच वाले एकजुट हों।

कुछ लोगों के बीच इस प्रकार के प्रयासों को पुनरुत्थानवादी या आत्म-मुखर कहा जाता है, लेकिन इसे दूसरे छोर पर जाकर देखने की आवश्यकता है। आदत के अनुसार हिंदुओं ने स्वयं-उन्मूलन और नकारात्मकतावाद पर इतने लंबे समय तक हमला किया है कि असंतुलन में सुधार की एकदम छोटी-सी कोशिश भी अब अधिक मुखर प्रतीत होती है।

आत्म-रक्षा पर काफी परिश्रम किया जा चुका है। हमें अब आगे बढ़ जाना चाहिए। ज्ञानकर्मियों के रूप में, हमें समान अवसरों के लिए अपने प्रयासों को तेज करना चाहिए। शुरुआत में इस तरह की वापसी के लिए इस देश को लेकर बोले

जाने वाले झूठ की एक स्पष्ट और गहरी समझ होनी चाहिए।

कला और संस्कृति को संस्कृति नैमिष्य के प्रमुख क्षेत्रों के रूप में बताया गया है। भारतीय परंपरा में, सौंदर्य की किसी भी उपासना को दार्शनिक क्षेत्र की आधारशिला से पूरी तरह से अलग नहीं किया जा सकता है। सौंदर्य के क्षेत्र में हमें जो विकृतियाँ देखने को मिलती हैं, उनके मूल में वह क्षरण है, जो दर्शन की अवधारणाओं में प्रवेश कर गया है।

कला का व्यवसायीकरण तथा इसी प्रकार की अन्य विकृतियाँ दार्शनिक धारा में निरंतरता के अभाव के परिणाम हैं। संभवत: इस प्रकार की अन्य विकृतियाँ जिस हद तक प्लास्टिक कला में दिखती हैं, उतनी शास्त्रीय संगीत में नहीं दिखती हैं।

हिंदू मन का औपनिवेशीकरण अकसर चर्चा में रहनेवाला विषय है, जिस पर ज्यादा कुछ कहने की आवश्यकता नहीं है। अभी के लिए एक हल्का सा पिछला संदर्भ देना पर्याप्त होगा, जिसका उद्देश्य सिर्फ संस्कृति नैमिष्य को संदर्भित करना है। किसी को भी बिना विद्वेष यह स्वीकार करना चाहिए कि अठारहवीं सदी के मध्य के बाद संस्कृत संबंधी अध्ययनों के प्रति दिलचस्पी जगाने में यूरोपीय विद्वानों का योगदान रहा है। उनका योगदान कुछ अच्छा, कुछ बुरा के लिहाज से अच्छा ही रहा है। उनमें से कुछ को हिंदू धर्म और दर्शन के स्वभाव की पृष्ठभूमि की जानकारी नहीं थी, जबकि कुछ में ऐसी प्रेरणा थी, जो विद्वत्ता के साथ मेल नहीं खा रही थी।

कुछ असाधारण और सम्मानजनक अपवादों के साथ, अधिकांश यूरोपीय विद्वान् लगभग पूरी तरह से भाषाविज्ञान और दर्शन पर आश्रित थे। व्याकरण और दर्शन हमारी परंपरा में शास्त्रीय व्याख्या के राजमहल में सिर्फ प्रवेश द्वारों के समान हैं। संस्कृत परंपरा से परिचित न होने की समस्या ईसाई मत को लेकर पक्षपात से और गंभीर हो गई।

इस प्रकार, शास्त्रों में लिखे अक्षरों का महत्त्व उन शब्दों के पीछे की भावना पर हावी हो गया। इसका परिणाम ऊटपटाँग तिथि निर्धारण के रूप में भी सामने आया। उदाहरण के लिए, पाणिनि को जिस काल का बताया गया, उन्हें इस दलील के आधार पर मनमाने ढंग से बदल दिया गया कि उस प्राचीन काल

में किसी के पास इतना असाधारण ज्ञान होना संभव नहीं था।

यहाँ तक कि विंटरनिट्ज जैसे संस्कृति से भली-भाँति परिचित विद्वान् भी इस प्रकार के पक्षपात से जकड़े थे। मैकाले और मैक्स मूलर को जिस विषम प्रेरणा ने प्रोत्साहित किया, उसकी चर्चा अकसर की जाती है, लेकिन मोनियर विलियम्स और ऑक्सफोर्ड में संस्कृत के प्रोफेसर बोडेन जैसे अन्य लोग भी कम कपटी नहीं थे। कर्नल बोडेन ने प्रोफेसर बनने के लिए जो शर्त रखी थी, उनके मुताबिक उनके द्वारा किए जानेवाले अनुवाद की सहायता से ब्रिटिश भारतीयों का धर्म-परिवर्तन तेजी से ईसाई धर्म में कर सकें।

ईश्वर का शुक्रिया कि थ्योडोर गोल्डस्टकर जैसे कुछ अच्छे संस्कारोंवाले विद्वान् थे, जिन्होंने बोत्लिंगक रोथ, वेबर और अन्य के द्वारा की जा रही खतरनाक मूर्खताओं का प्रभावी ढंग से पर्दाफाश किया। गोल्ड स्टकर ने उन्हें 'संस्कृत दर्शन के सैटर्नेलिया' कहा।

दर्शन से कुछ ज्यादा ही छेड़छाड़ ने वैदिक छंदों के अर्थ का अनर्थ कर दिया। अन्य विद्वानों के साथ ही पी.वी. केन ने बताया कि कैसे पश्चिमी देशों के अनुवादक व्याकरण और तुलनात्मक दर्शन पर पूरी तरह से निर्भर होकर कुछ का कुछ अर्थ निकाल लेते थे।

फिरंगियों को इसकी जानकारी ही नहीं थी कि वैदिक और पारंपरिक संस्कृत में एक ही शब्द के विभिन्न संदर्भ हो सकते हैं। संदर्भ और उसके जुड़े दर्शन की अज्ञानता दोहरा खतरा थी। कई पश्चिमी विद्वानों ने देसी पंडितों की मदद ली, जिनमें से अधिकांश को संस्कृत का सिर्फ ऊपरी ज्ञान प्राप्त था।

विवाह के संस्कार में ऋग्वेद के दसवें मंडल के पचासीवें सूक्त के एक छंद का उपयोग किया जाता है। यह स्त्री के जीवन में चार अवस्थाओं के विषय में बताता है—शिशु के रूप में, बालिका के रूप में, युवती के रूप में और परिपक्व स्त्री के रूप में। एच.एच. विल्सन ने इस छंद का अनुवाद करते हुए अर्थ निकाला कि वधु को एक के बाद एक, चार पति प्राप्त होते हैं। हम बस पाठकों पर तरस ही खा सकते हैं, जिन्हें संस्कृत का ज्ञान नहीं और वे इतने भयंकर अनुवाद को सच मान बैठते थे।

सच कहा जाए तो सिर्फ हिंदू धर्म ही इस प्रकार की लापरवाही का

शिकार नहीं था। इसी प्रकार अन्यत्र भी कई धर्मों के साथ ऐसा ही हुआ। यह उपनिवेशवादी डकैती का साक्षात् प्रमाण था। लेम्स लेगे द्वारा सैकरेड बुक्स ऑफ द ईस्ट में कन्फ्यूसियस की रचनाओं के अनुवाद की चर्चा करते हुए लिन युटांग ने लिखा, 'शब्दशः अनुवाद को लेकर लेगे में ऐसा आकर्षण है, मानो स्पष्टता की बजाय अपरिचित अज्ञानता ही सत्यनिष्ठा का प्रमाण है।'

उससे पहले के युग के यूरोपीय विद्वानों जैसे विल्हेम वॉन हमबोल्ट का दार्शनिक ज्ञान कहीं अधिक वास्तविक था, लेकिन एशिया और भारत से संबंधित ज्ञान के युग का जब आरंभ हुआ तो राजनीति और साम्राज्यवाद की जरूरतें हावी हो गईं, जिसने मैक्स मूलर जैसों को महत्त्व दिया।

सुचारू रूप से चल रही स्थानीय प्रणालियों और सांस्कृतिक व्यवस्था की नींव हिलाए जाने, आर्थिक शोषण, प्राकृतिक संसाधनों की लूट और ऐसे ही अंधाधुंध हमलों की चर्चा अकसर की जाती है। हालाँकि, हमें यह समझ लेना चाहिए कि इतिहास का सबसे बड़ा घोटाला स्वयं ब्रिटिश साम्राज्य ही था।

जीवन के ऐसे क्षेत्र हैं, जिनमें कई पीढ़ियों तक की निरंतरता सामाजिक शक्ति की आवश्यक शर्त होती है। एक बार वह निरंतरता भंग हो जाती है तो घोर पतन हो जाता है। इसका एक उदाहरण शास्त्र सीखने की अनोखी मौखिक परंपरा ही है, जो अब इस प्रकार खो चुकी है कि उसे फिर से प्राप्त नहीं किया जा सकता है। एक बार सूत्र टूट जाता है तो इस प्रकार की विरासत को पुनर्जीवित करना या फिर से उसकी रचना करना असंभव हो जाता है।

इस प्रकार की शिक्षा का कमजोर पड़ जाना आधुनिकीकरण की साम्राज्यवादी योजना का सबसे भयंकर दुष्परिणाम है। जीवंत स्वदेशी बौद्धिक व्यवस्था का स्थान तुच्छ यूरोपीय प्रतिमानों ने ले लिया। विदेशी राजनीतिक बेड़ियों को उतार देने के सात दशक बाद भी विघटन की वही प्रक्रिया आज भी जारी है, जिसका श्रेय शाही सिंहासन पर बाद के दिनों में बैठने वालों की दासतापूर्ण मानसिकता को जाता है।

यदि यह सबकुछ सिर्फ इतिहास होता तो इसे दूर किया जा सकता था, लेकिन बीमारी और भी गहरी है। उदाहरण के लिए, क्रिश्चियन लासेन और अन्य ने जिस नस्लभेदी विरासत को छोड़ा, वह महाभारत के अध्ययनों को भी प्रभावित

करती रही। हमारे महाकाव्य हमारी सांस्कृतिक जड़ों के एक अनूठे, सबसे मूल्यवान और सदैव प्रवाहित होते रहने वाले स्रोत हैं और उन्हें देशी-विदेशी विचारधारावाले और साक्षरतावादी हस्तक्षेपियों के द्वारा भरी गई विषाक्तता से मुक्त करना है।

आप सब बिना संदेह यह जानते हैं कि कुछ स्वदेशी लेखकों ने आधे-अधूरे पश्चिमी समाजशास्त्रीय औजारों की सहायता से महाभारत की चीर-फाड़ की है, जिससे काल्पनिक और विकृत सिद्धांत सामने आए हैं। उन विख्यात लेखकों के नामों की चर्चा करना आवश्यक नहीं है।

इस प्रकार संस्कृति नैमिष्य की भूमिका का स्पष्ट है। विनाश सरल होता है, पुनः प्राप्त करना कष्टदायी और दुष्कर होता है। सिर्फ भावनात्मक कारणों से ही हम परंपरा को लेकर पक्षपात नहीं करते। हमारी परंपरा सिर्फ आनुवंशिक जानकारी नहीं है। यह ठोस आधार प्रदान करती है, लेकिन प्रगतिशील विकास को सीमित नहीं करती।

ऐसी गतिशीलता इस कारण है, क्योंकि परंपरा से हमारे समाज का संबंध जैविक, जटिल और अत्यधिक सूक्ष्म है, क्योंकि इसका स्वरूप और नियंत्रण नियमों पर आधारित है, जिन्हें सामूहिक रूप से पुरुशास्त्र कहते हैं। इस प्रकार भौतिक से लेकर आध्यात्मिक तक अस्तित्व के विभिन्न स्तरों में स्पष्टता है।

गड्मङ अवधारणाओं के कारण सामाजिक, धार्मिक, दार्शनिक, आध्यात्मिक और रहस्यवादी क्षेत्रों के संबंध में विवाद एवं भ्रम पैदा हुए हैं। हिंदू एक साथ विभिन्न स्तरों और विभिन्न युगों में जीता है। एक सामान्य हिंदू के लिए महाकाव्य के चरित्र उन समकालीन व्यक्तियों से अधिक वास्तविक हैं, जिनके साथ वह वर्तमान में जी रहा है। इस जीवन-दर्शन को वैधता मिलनी चाहिए। हमारे दर्शन का मौलिक प्रतिमान इस संसार की बहुस्तरीय अवधारणा है।

वेदांत की अवधारणा के स्तर पर जहाँ पर्याप्त स्पष्टता है, वहीं आम लोगों तक इस बात को प्रभावी ढंग से पहुँचाने के लिए सुनकर आसानी से समझ आने वाले मुहावरे के रूप में बताया जाना चाहिए। समय की ऐसी माँग को संस्कृति नैमिष्य पूरा कर सकता है। समाज को उसकी जड़ों के साथ फिर से जोड़ना आवश्यक है। व्यक्तियों को प्राप्त ज्ञान से उत्कृष्ट ज्ञान तक जाने के योग्य बनाया

ही जाना चाहिए। इससे अधिक रोमांचक या संतुष्टि देनेवाला और कुछ नहीं हो सकता है।

परंपरा कोई समस्या नहीं बल्कि यह अंतिम सुख, उत्कृष्टता और समापन तक ले जाता है। परंपरा संरक्षक और हस्तांतरित करनेवाली है और सभी इच्छुकों का स्वागत करती है। यदि इसकी इच्छा रखनेवाला विनम्रता और अपेक्षित अनुशासन का दृष्टिकोण रखता है, तो परंपरा एक गौरवशाली दायित्व निभाती है।

यदि हम हिंदू धर्म में फिर से जीवन का संचार करना चाहते हैं तो हमें अनेक औपनिवेशिक परतों से बाहर निकलने के कदम उठाने होंगे, जो अब तक बने हैं, चाहे आप इसे पुनरुत्थान या आत्मस्थापन कहें। हमें गैर-औपनिवेशीकरण की प्रक्रिया को संस्कृति के मोर्चे पर और अधिक परिश्रम कर पूरा करना होगा। मुझे विश्वास है कि संस्कृति नैमिष्य उसी दिशा में एक पहल है।

और अब कुछ बातें कला पर हिंदू दृष्टिकोण के संबंध में। मैंने आरंभ में ही कहा था कि भारतीय परंपरा में, सौंदर्य की कामना दर्शन से जुड़ी हुई है। कला को अलग-थलग करके नहीं देखा जा सकता है, कला जीवन और संस्कृति का अभिन्न अंग है। जैसा संस्कृति, ज्ञान-प्रणालियों आदि के विषय में होता है, हिंदू कला को भी साम्राज्यवादी अभियान के अंतर्गत काफी तुच्छ बता दिया गया था।

'आलोचकों का कहना था कि भारतीय स्थापत्य में एकता, स्पष्टता या उच्च कोटि की उत्कृष्टता का अभाव है, भारतीय रंगमंच में रचनात्मकता और कल्पना' का अभाव है, शिव का नृत्य 'मृत्यु या संहार का नृत्य है', वगैरह-वगैरह। इसमें संदेह नहीं कि अपवादस्वरूप कुछ विशेषज्ञ भी थे, जैसे एडमंड गिल्स, जिन्होंने कथकली की एक प्रस्तुति को देखने के बाद कहा, "ऐसा लगता है कि पूर्वी रंगमंच से हम इतना कुछ सीख सकते हैं कि उसकी कोई सीमा नहीं है।"

अरविंद ने 'उस महान् पतन के कड़वे प्रभावों' पर विस्तार से लिखा है, 'जो अठारहवीं और उन्नीसवीं सदी में चरम पर पहुँच गया।' उस युग को उन्होंने 'संध्या काल' कहा है, 'जिससे भारतीय विचार के अनुसार एक नए युग के चक्र का आरंभ होना है'। रवींद्र नाथ टैगोर संभवत: एक नए युग की शुरुआत को सबसे अच्छी तरह प्रतिनिधित्व करते हैं।

अरविंद ने वास्तविक भारतीय कला की विशिष्ट प्रकृति के बारे में विस्तार

से बात की है, "भारतीय सोच के अनुसार स्वरूप का अस्तित्व आत्मा के सृजन के सिवाय कहीं और नहीं है और यह आत्मा से ही अपने संपूर्ण अर्थ और मूल्य को प्राप्त करता है।"

"प्रत्येक रेखा, द्रव्यमान की व्यवस्था, रंग, आकार, मुद्रा, प्रत्येक भौतिक संकेत···पहला और आखिरी संकेत होता है, जो अकसर एक प्रतीक होता है, जो अपने मुख्य कार्य के रूप में आध्यात्मिक भावना, विचार, छवि को सहारा देता है, जो परिभाषित न किए जानेवाले से परे जाता है, लेकिन उस आत्मा की अधिक शक्तिशाली और संवेदनशील सच्चाई होता है, जिसने इन गतिविधियों को सौंदर्यबोध वाले मन में जन्म दिया और महत्त्वपूर्ण आकारों में उन्हें साकार किया।" यह बात मूर्तिकला, प्रतिमा और मंदिर वास्तुकला पर भी लागू होती है।

अरविंद ने आगे कहा, "···प्राचीन और मध्यकालीन भारत के स्थापत्य का स्थान कलात्मक उपलब्धि पर बहुत ऊँचा है। हमें इससे अधिक गहरी मंशा, विशाल हृदय, उपलब्धि का एक अधिक सुसंगत कौशल देखने को नहीं मिलता है। संपूर्ण मूर्तिकला निर्माण की दो सदियों का सुनिश्चित इतिहास भारत के लोगों के जीवन का एक दुर्लभ और महत्त्वपूर्ण तथ्य है। इसका कारण लोगों के धार्मिक और दार्शनिक तथा सौंदर्य-बोध वाले मन के बीच गहरा संबंध है।"

हमें पश्चिम-प्रेरित आधुनिकता की निस्सारता की चर्चा पर समय बरबाद करने की आवश्यकता नहीं है। एक प्रतिष्ठित विचारक डॉ. मैस्त्रे ने निष्कर्ष स्वरूप कहा है, "आधुनिक संस्कृति का मार्ग मानवता से राष्ट्रीयता के माध्यम से वहशीपन तक जाता है।"

भारतीय संस्कृति इस लिहाज से वियोजक प्रकृति की है कि मानव जीवन और इसके कलात्मक व अन्य प्रयास मनुष्य और संसार के बीच सौहार्दपूर्ण संबंध पर आधारित हैं। हमारा सौंदर्य-बोध हमारे चारों ओर विद्यमान गौरवशाली प्रकृति और समस्त जीवन के परस्पर संबंध की उदात्तता से जागता है। हमारा सौंदर्य-बोध आध्यात्मिक अनुभव का वैभवशाली उच्च मार्ग है। इसी गतिशीलता के कारण इतनी समृद्धि और विविधता देखने को मिलती है।

विल डुरांट ने कहा था, "हम शायद ही किसी अन्य देश के विषय में जानते हैं, जहाँ कला की इतनी व्यापक विविधता है, भारत में बुने हर वस्त्र में

एक सौंदर्य है, जो सिर्फ किसी अत्यंत प्राचीन और इतनी मूल प्रवृत्ति की कला से ही संभव है।"

हमारे देश में कला के पैमाने उससे कहीं व्यापक थे, जैसा कि आज हम सोचते हैं। पूरा जीवन ही कला थी। हमने कल्पना की तलाश में जिस परिप्रेक्ष्य को खो दिया था, आज उसे फिर से प्राप्त करने की आवश्यकता है।

यह कोई संयोग नहीं कि मूल देवता शिव नृत्य के देवता है और शिव का नृत्य विश्व की निरंतर गति का प्रतीक है। भावों या रासों के व्यापक प्रकार से स्वयं को जोड़कर हम अपने ही संसार के स्वामी बन जाते हैं। यह प्रक्रिया सिर्फ अनुज्ञेय नहीं, बल्कि अनुभवात्मक है।

चेतना के ही स्तर पर हमें रंग या विन्यास, स्थिरीकरण या आंदोलन, हवा या सूर्योदय, प्रवाह या तरंग, चुप्पी या ध्वनि, शब्दों या अंतर स्थानों के प्रति प्रतिक्रिया करनी पड़ती है। हमारा हृदय जब जाग्रत् होता है, तब कला स्वयं को प्रस्तुत करती है। अस्थायी और अनंत आपस में मिल जाते हैं। सभी प्रकार की महान् कला का लक्ष्य प्रतीकों की मध्यस्थता से प्रतिवादी की सहायता अपने स्वयं की खोज में करना होता है।

इस संदर्भ में हमें सिस्टर निवेदिता के अवलोकनों का स्मरण करने का लाभ मिल सकता है, जिन्होंने ग्यारह दशक पहले कला-समुदाय को हिंदू कला के प्राण तथा समय की माँग के संबंध में जागरूक बनाने में महत्त्वपूर्ण भूमिका निभाई थी।

निवेदिता का स्मरण करना इस कारण भी सार्थक है, क्योंकि हमारा यह दायित्व बनता है कि हम उन्हें उनकी 150वीं जयंती पर श्रद्धांजलि दें। निवेदिता के शब्द यह भी संकेत देते हैं कि वे किस प्रकार हिंदूत्व की भावना से जुड़ी हुई थीं। यदि मैं इस प्रस्तुति का समापन कलाकारों को निवेदिता के संदेश से करूँ तो यह सबसे उपयुक्त समापन होगा।

"यदि किसी भारतीय पेंटिंग को वास्तव में भारतीय और सबसे महान् बनाया जाना है तो इसे भारतीय हृदय को छू लेने वाला होना चाहिए, किसी ऐसी भावना या विचार को प्रस्तुत करने वाला होना चाहिए, जो परिचित या तत्काल समझने योग्य हो और फिर, सर्वोत्कृष्ट होने के लिए, दर्शक में रहस्योद्घटन की

एक निश्चिय भावना जाग्रत् करनी चाहिए, जिसमें उसे महारत है।"

"कला तब एक आध्यात्मिक संदेश से भर जाती है, जो आज के भारत में राष्ट्रीयता का संदेश है।"

"···कला हमें एक व्यापक साझा अभिव्यक्ति का अवसर देती है और मातृभूमि के निर्माण, बल्कि इसके जागरण के लिए, इसका पुनर्जन्म अनिवार्य है।"

"विज्ञान, शिक्षा, उद्योग, व्यापार के समान ही, 'मातृभमि के पुनर्निर्माण के लिए', न कि किसी अन्य लक्ष्य के लिए, कला का ही अनुसरण करना चाहिए।"

□

नैमिषारण्य तीर्थ एवं उसकी परंपरा

✍ प्रो. भगवत् शरण शुक्ल

भारतवर्ष धर्मप्राण क्षेत्र है। इसे भी आयावर्त नाम से भी जाना जाता है। यद्यपि इसके अनेक अंग संप्रति अन्य देशों के अंतर्गत हो गए हैं। तथापि प्राचीन स्वरूप में संपूर्ण क्षेत्र भारतवर्ष ही है। इसका संपूर्ण स्वरूप उत्तम में पूरा हिमालय क्षेत्र है, दक्षिण में समुद्र तक तथा पूरब समुद्र से लेकर पश्चिम समुद्र तक इस का क्षेत्र है। इसे ही हमारे महर्षियों ने कर्म क्षेत्र के रूप में स्वीकार किया है—

उत्तरं यत् समुद्रस्य हिमाद्रेश्चैव दक्षिणम्।
वर्ष तद् भारतं नाम भारती यत्र सन्ततिः॥
नवयोजनसाहस्रो विस्तारोऽस्य महामुने॥
कर्मभूमिरियं स्वर्गमपवर्गश्च गच्छताम्॥
अत्रापि भारतं श्रेष्ठं जम्बूद्वीपे महामुने॥
यऽतो हि कर्मभूरेषा ह्यतोन्या भोगभूमयः॥
कर्मभूमिमिमां प्राप्य कर्त्तव्यं कर्म तत् शुभम्॥
कर्मभूमिरिमं स्वर्गमपवर्गञ्च गच्छताम्॥
पृथिव्यां भारतं वर्ष कर्मभूमिरुदाहृता॥
कर्मभूमिरियं प्राप्य पुनर्यान्ति सुरालयम्॥
कर्मभूमिरियं विप्र! स्वर्गदपि च दुर्लभा।
यत्र विष्णुं समभ्यर्च्य मर्त्याः स्युः सुरवन्दिता॥

इस संपूर्ण भारतवर्ष के अतिरिक्त अन्य देशों की भूमि केवल भोगभूमि है।

अर्थात् भारतवर्ष भिन्न स्थानों में किए गए शुभ या अशुभ कर्मों का फल उन्हें नहीं प्राप्त होता।

भारतवर्ष एक ऐसी भूमि है, जहाँ परब्रह्म परमात्मा द्वारा प्रवर्तित वेदमूलक सनातन धर्म की पवित्र महती परंपरा है। जो न केवल मनुष्य अपितु प्राणिमात्र के हित चिंतन की बात करती है। जहाँ

सर्वे भवन्तु सुखिनः सर्वे संतु निरामयाः।
सर्वे भद्राणि पश्यन्तु मा कश्चिद् दुःख भाग् भवेत्॥

की बात कही जाती है। यही इसका महान् उद्घोष है। जिसमें संपूर्ण पृथ्वी को एक परिवार की भावना से स्वीकार किया जाता है। 'वसुधैव कुटुम्बकम्' यह पावन उद्घोष है—

अयं निः परो वेति गणना लघुचेतसाम्।
उदारचरितानां तु वसुधैव कुटुम्बकम्॥''

यहाँ के दर्शन कहते हैं कि जाति, देश, काल, समय से ऊपर उठकर संपूर्ण विश्व को अपना मानकर सभी को अपना समझने के महाव्रत का पालन करो—

''जातिदेशकालसमयानवच्छिन्नाः सर्वभौमा महाव्रतम्''।

यजुर्वेद कहता है कि संपूर्ण संसार को अपने में तथा संपूर्ण संसार में अपने को देखता है, ऐसा मानव शोक-मोह से ऊपर उठकर परम तत्त्व का साक्षात्कार करता है—

यस्तु सर्वाणि भूतान्यात्मन्न्येवानुपश्यति
सर्वभेतेषु चात्मानं ततो न विचिकित्सति
यस्मिन् सर्वाणि भूतान्यात्मैवामूद् विजानतः।
तत्र को मोहः कः शोक एकत्वमनुपश्चयतः॥ यजुर्वेद, 40/6,711

इस धर्मप्राण भारतभूमि की पवित्रता को अक्षुण्ण रखने के लिए ऐसा सामाजिक संगठन किया गया है, जिसमें चारों वर्ण, चारों आश्रम तत्पर रहते हैं। वर्ण आश्रम धर्म के तात्त्विक तथा विश्व कल्याणात्मक स्वरूप के न जाननेवाले अथवा उससे अकारण द्वेष करनेवाले ही उस पर झूठा आरोप लगाकर उसका विरोध करते हैं और उसके वैज्ञानिक पक्ष को सामान्य जन के समीप नहीं जाने देते। जब तक भारतभूमि में यह सामाजिक व्यवस्था रहेगी, तभी तक भारतवर्ष में

सनातन धर्म की सत्ता रहेगी और तब तक संपूर्ण विश्व की कल्याण की भावना मनुष्यों में जाग्रत् रहेगी। इसी रहस्य को जानकर ही कुटिल दानव प्राकृतिक लोग इसका नाश करने का सदा कुटिल प्रयास करते रहते हैं। दुःख की बात तो यह है कि सार्वजनिक कल्याण की बात करनेवाले तथा कथित बुद्धिजीवी भी उन कुटिलों के दुष्प्रयास को बढ़ावा देते हुए सनातन धर्म के सद्गुणों में दोष ढूँढ़ते रहते हैं। ऐसा प्रतीत होता है कि इन तथाकथित बुद्धिजीवियों का मुख्य विचार भारतभूमि को तमो गुण की गर्त में डालना है, न कि इसका भविष्य उज्ज्वल करना।

इसी सनातन धर्म की रक्षा कर्म के प्रबल प्रहरी हैं, हमारे तीर्थ स्थान। तीर्थ शब्द का प्रयोग अनेकार्थ संग्रहकोष, जो आचार्य हेमचंद्र द्वारा रचित है, इसमें शास्त्र, गुरु, यज्ञ, पुण्य क्षेत्र, देवावतार क्षेत्र, ऋषि सेवित जनस्थान, सत्र स्त्रीरज एवं तीर्थ स्थानों के लिए किया जाता है—

तीर्थे शास्त्रे गुरौ पुण्यक्षेत्रवतारयोः।
ऋषिजुटजले सत्रिण्युपाये स्त्रीरजस्यपि॥

महाभारत में भी तीर्थ शब्द का प्रयोग ऋषि सेवित जलस्थान, जो उत्तम पवित्र पुण्यक्षेत्र है, उसके लिए किया है—

"पवित्रमृषिभिर्जुष्टं पुण्यं पावनमुत्तमम्।"

ऋग्वेद में नदीतट, नदी समीप क्षेत्र, पुण्य जलाशय अथवा समुद्र तटीय क्षेत्र के लिए तीर्थ शब्द का प्रयोग किया गया है—

"अरित्रं वां दिवस्पृथु तीर्थे सिन्धूनां रथः।
धिया युयुज इन्दवः॥"

इसी प्रकार यजुर्वेद में 'ये तीर्थानि प्रचरन्ति सृकाहस्ता निषङ्गणः' में तथा 'तीर्थेस्तरन्ति प्रवतो महोऋषि यज्ञ कृतः" इस प्रकार अथर्ववेद में प्राप्त होता है।

नैमिषारण्य क्षेत्र में सरस्वती नदी की स्थिति का भी वर्णन प्राप्त होता है। यहाँ काञ्चनाक्षी नाम से सरस्वती की स्थिति मानी गई है। महाभारत में इसकी रोचक कथा है। एक बार नैमिषारण्यवासी ऋषिगण सरस्वती के तट में निवास हेतु जाते हैं। किंतु उसके दोनों तटों में अन्य ऋषियों के आवास से रिक्त स्थान न होने से निराश हो वे लौट आते हैं। भगवती सरस्वती उनकी भावनाओं से प्रभावित

हो जो उनकी धारा पूर्व से पश्चिम की ओर प्रवाहित थी, उसे मोड़कर पूर्वाभिमुखी बनाकर नैमिषारण्य में प्रवेश कराती हुई ऋषियों को प्रसन्न करती है तथा पुनः उसे वहीं से मोड़कर पश्चिमाभिमुखी हो पुनः प्रभावित होती है—

ततस्तमृषिसंघातं निराशं चिन्तयान्वितम्।
दर्शयामास राजेन्द्र! तेषामर्थे सरस्वती॥
ऋषीणां पुण्यतपसां कारुण्याज्जनमेजय॥
ततो निवृत्य राजेंद्र! तेषामर्थे सरस्वती॥
भूयः प्रतीच्यभिमुखी प्रसुस्राव सरिद्वरा।
अमोघागमनं कृत्वा तेषां भूयो व्रजाम्यहम्।
अमोघागमनं कृत्वा तेषां भूयो व्रजाम्यहम्।
इत्यद्भुतं महाचक्रे तदा राजन्! महानदी॥
एवं स कुञ्जो राजन् वै नेमिषीय इति स्मृतः॥

महाभारत में सरस्वती की सात धाराओं का वर्णन प्राप्त होता है, जो विभिन्न क्षेत्रों में प्रवहण करती हुई कुरुक्षेत्र के समीपवर्ती सप्त सारस्वत क्षेत्र में सातों सरस्वती नदियाँ एक साथ मिलती हैं। इन सातों सरस्वती नदियों के नाम हैं—1. सुप्रभा, 2. काञ्चनाक्षी, 3. विशाला, 4. मनोरमा, 5. सुरेणु, 6. ओघवती, 7. विमलोदका। महाभारत में इनका वर्णन इस प्रकार है—

राजन्! सप्त सरस्वत्यो याभिर्व्याप्तमिदं जगत्।
आहूता बलवध्द्भर्हि तत्र तत्र सरस्वती॥
सुप्रभा काञ्चनाक्षी च विशाला च मनोरमा॥
सरस्वती चौघवती सुरेणुर्विमलोदका॥

× × ×

सुप्रभा नाम राजेन्द्र नाम्ना तत्र सरस्वती
तां दृष्ट्वा मुनयस्तुष्टास्त्वरायुक्तां सरस्वतीम्॥
पितामहं मानयन्तीं क्रतुं ते बहु मेनिरे।
एवमेषा सरिच्छ्रेष्ठा पुष्करेषु सरस्वती॥

× × ×

नैमिषे काञ्चनाक्षी तु मुनीनां सत्रयाजि नाम्।
आगता सरितां श्रेष्ठ! तत्र भारत! पूजिता॥
गयस्य यजमानस्य गयेष्वेव महाक्रतुम्।
आहूतां सरितां श्रेष्ठा गययज्ञे सरस्वती।
विशालों तु गयस्याहुर्ऋषयः संशितव्रताः॥

× × ×

उद्दालकेन यजता पूर्वं ध्याता सरस्वती।
आजगाम सरिच्छ्रेष्ठा तं देशं मुनिकारणत्
पूज्यमाना निगणैर्वल्कलाजिनसंवृतैः।
मनोरमेति विख्याता सा हि तैर्मनसा कृता॥
सुरेणुर्ऋषभे द्वीपे पुण्ये राजर्षिसेविते।
कुरोश्च यजमानस्य कुरुक्षेत्रे महात्मनः॥
आजगाम महाभागा सष्टिछ्रे सरस्वती॥
ओघवत्यषि राजेन्द्र वसिष्ठेन महात्मना॥
समाहृता कुरुक्षेत्रे दिव्यतोया सरस्वती॥
दक्षेण यजता चापि गङ्गाद्वारे सरस्वती।
सुरेणुरिति विख्याता प्रस्तुता शीघ्रगामिनी।
विमलोदा भगवती ब्रह्मणा यजता पुनः॥
समाहृता ययौ तत्र पुण्ये हैमवते गिरौ।
एकीभूतास्ततस्तास्तु तास्मिंस्तीर्थे समागताः॥
सप्त सारस्वं तीर्थं ततस्तु प्रथितं भवि॥

अर्थात् पुष्कर क्षेत्र में यज्ञ करते हुए ब्रह्म ने सरस्वती का आह्वान किया और वह सुप्रभा नाम से पुष्कर तीर्थ में प्रवाहित हुई। नैमिषारण्य निवासी ऋषियों के आराधना से प्रसन्न सरस्वती काञ्चनाक्षी नाम से वहाँ प्रवाहित हुई। इसी प्रकार राजा गय ने गय देश में श्रेष्ठ यज्ञ के आयोजन में सरस्वती का आह्वान किया, जिससे विशाला नाम सरस्वती की धारा वहाँ प्रवाहित हुई। महर्षि उद्दालक ने उत्तर कोसल प्रांत में यज्ञ के आयोजन में सरस्वती का आह्वान किया, जिससे

वहाँ यह वल्कलधारी तथा मृगचर्म धारण करनेवाले तपस्वी ऋषियों से सम्मानित सरस्वती मनोरमा नाम से प्रवाहित हुई। ऋषभ द्वीप कुरुक्षेत्र में राजर्षि कुरु ने यज्ञ करते हुए सरस्वती का आह्वान किया तो वहाँ सुरेणु नामक की सरस्वती की धारा प्रवाहित हुई। हरिद्वार में भी प्रजापति दक्ष द्वारा यज्ञ में आह्वित होने से सुरेणु नाम की सरस्वती की धारा प्रकट हुई, वहीं कुरुक्षेत्र में भी उसी प्रकार प्रवाहित हुई थी, महर्षि वसिष्ठ द्वारा आवाहित होने पर सरस्वती कुरुक्षेत्र में ही ओघवती नाम से प्रतिष्ठित हुई। हिमालय में भगवान् ब्रह्मा के द्वारा यज्ञ में आवाहित होने से भगवती सरस्वती की विलोदा नाम धारा प्रवाहित हुई। इन सातों सरस्वती धाराओं का विवरण इस प्रकार है—

क्र.सं.	आह्वाहन कर्ता	स्थान	सरस्वती नाम
1.	पितामय ब्रह्मा	पुष्कर	सुप्रभा
2.	नैमिषेय महर्षिगण	नैमिषारण्य	काञ्चनाक्षी
3.	राजा गय	गया क्षेत्र	विशाला
4.	उद्दालक ऋषि	हिमालय सेलेकर उत्तर कौशल क्षेत्र	मनोरमा
5.	राजा कुरु	कुरुक्षेत्र	सुरेणु
6.	वसिष्ठ	कुरुक्षेत्र	ओघवती
7.	ब्रह्मा	हिमालय क्षेत्र	विमलोदा

नैमिषारण्य क्षेत्र अपने दीर्घ सत्रों के आयोजन एवं उनमें पुराणों के पारायण तथा प्रवचन कथा आदि के लिए सर्वाधिक विख्यात माना जाता है। अधिकांश पुराणों का प्रवचन नैमिषारण्य क्षेत्र में महर्षि शौनक तथा सूतती के संवाद में हुआ है। कतिपय पुराणों के प्रारंभ में ही नैमिषारण्य का नामोल्लेख किया है—

1. श्रीमद्भगवते— नैमिषेऽनिमिषक्षेत्र ऋषयः शौनकादयः।
यत्र स्वर्गाय लोकाय सहस्त्रसत्रमानसत॥

2. नारदपुराणे— शौनकाद्या महात्मानः ऋषयो ब्रह्मवादिनः।
नैमिषाख्ये महारण्ये तपस्तेपुर्मुमुक्षव॥
जितेंन्द्रिया जितादारा सन्तः सत्यपराक्रमाः।
यजन्तः परया भक्त्या विष्णुमाद्यं सनातनम्॥

3. ब्रह्मवैवर्तपुराणे— भारते नैमिषारण्ये ऋषयः शौनकादय।
नित्यां नैमित्तिकां कृत्वा क्रियामूषुः कुशासने॥
एतस्मिन्नन्नरे सौतिमागच्छन्तं यदृच्छया।
प्रजतं सुविनीतं तं विलोक्य ददुरासनम्॥
तं सम्पूज्यातिथिं भक्त्या शौनको मुनिपुंगवः।
पप्रच्छ कुशलं शान्तं शान्तः पौराणिकं मुद्रा॥

4. कूर्मपुराणे— सत्रान्ते सूतमनघं नैमिषेया महर्षयः।
पुराणसंहितां पुण्यां पप्रच्छू रोमहर्षणम्॥

5. मत्स्यपुराणे— सूतमेकाग्रमासीनं नैमिषारण्यवासिनः।
मुनयो दीर्घसत्रान्ते पप्रच्छुदीर्घसंहिताम्॥

6. वायुपुराणे— दीक्षितास्ते यथाशास्त्रं नैमिषारण्यगोचराः।
द्रष्टुं तान् महाबुद्धिः सूतः पौराणिकोत्तमः॥
लोमानि हर्षयाचके श्रोतृणां यत् सुभाषितैः।
कर्मणा प्रथितस्तेन लोकेऽस्मिल्लोमहर्षणः॥

7. अग्निपुराणे— नैमिषे हरिमीजानः ऋषयः शौनकादयः।
सत्रं स्वर्गाय लोकाय सहस्रसममासत॥

इस प्रकार नैमिषारण्य क्षेत्र में दीर्घ सूत्र में पुराणों के प्रवचन की परंपरा रही है, जो संपूर्ण भारत में यहीं मानी गई है। सत्र याग का तात्पर्य क्या है ? इस जिज्ञासा का भी समाधान आवश्य है, इस प्रकार के याग का समुदाय एकत्र होकर एक सत्र होता है। उनमें जिस दिन जो याग करने का काम किया गया हो, उसे तदनुसार करना चाहिए। जहाँ उसका पूर्ण विवरण नहीं दिया गया। वहाँ इस प्रकार याग की पूर्ति करनी चाहिए। छह दिनों के लिए षडह अभिप्लव, पाँच दिनों के लिए षडह के प्रथम पाँच दिन, चार दिनों के लिए दशरात्र से पूर्व

त्रिकद्रुक और अंत में महाव्रत, तीन दिनों के लिए त्योति, गौ और आयु और दो दिनों के लिए गौ और आयु-संज्ञक सत्र करने चाहिए। ये सत्र याग अनेक प्रकार के श्रौत-सूत्रों में कह गए हैं। जिनमें गवामयनस्त्र, त्रयोदशराजसत्र, पञ्चदशराजसत्र, षोडशराजसत्र, सप्तदशराजस्त्र, अष्टदशराजस्त्र आदि से लेकर संवत्सरसत्र, सर्पसत्र, त्रिसंवत्सरसत्र, तापश्चितसत्र, अग्निसत्र, द्वादशसंवत्सर महासत्र, सहस्त्रसंवत्सर महासत्र आदि अनेक सत्र होते हैं। नैमिषारण्य में सहस्त्रसंवत्सर महासत्र का शौनक आदि महर्षि के द्वारा अनुष्ठान चल रहा था, जैसे कि कूर्मपुण्य में इसका उल्लेख हुआ है—''सत्रं सहस्त्रमासध्वं वाङमनोदोषवर्जिताः'' (कूर्मपु. 46/6)। ये सत्र सामान्य एवं विशेष दोनों प्रकार के प्राप्त होते हैं। कात्यायन श्रौतासूत्र में सत्रयागों विधि विशेष रूप से दी गई है। इस भूमि की यह विशेषता रही है कि यह अत्यंत पुण्यशाली भूमि है, तपोभूमि है, अनेक यागों का आयोजन इस भूमि पर हुआ है। इन्हीं नैमिषेय तपोधन ऋषियों की तपस्या, सदाचार एवं सत्यनिष्ठा से प्रभावित भगवती सरस्वती जो पूर्व से पश्चिम की ओर प्रवाहित थी, अपनी धारा को मोड़कर नैमिषक्षेत्र में प्रवेश कर ऋषियों की आह्लदित करती है तथा वहाँ से पुनः पूर्वाभिमुखी से पश्चिमाभिमुखी हो अपने गंतव्य की ओर अपनी धारा को आगे बढ़ाती है। पुराणों के माध्यम से संपूर्ण वैदिक संस्कृति के प्रचार-प्रचार का यह मुख्य स्थान है। यद्यपि इस नैमिषारण्य क्षेत्र में अनेक पुण्यतीर्थ एवं उपतीर्थ थे, जिनमें अनेक कालप्रभाव से लुप्त हो गए हैं। तथापि अभी भी अनेक विशिष्ट पुण्यमय तीर्थ हैं, जो भक्तों को आनंदित करते हैं।

इस नैमिषारण्य तीर्थ का प्रमुख तीर्थ चक्रतीर्थ है। जहाँ ब्रह्मा का मनोमय चक्र विशीर्ण हुआ था। इस नैमिषारण्य तीर्थ का पूर्ण विस्तार चौरासी कोश अर्थात् दो सौ बावन (252) वर्ग किलोमीटर है। जिसकी परिक्रमा प्रतिवर्ष फाल्गुन पूर्णिमा को संपन्न होती है। इस तीर्थ का अंतर्वेदी स्थान जो तीन मील (लगभग साढ़े चार किलोमीटर) का है, जिसकी परिक्रमा श्रद्धालु भक्तजन प्रतिदिन करते हैं। नैमिषारण्य में संप्रत्ति संप्राप्त तीर्थों की संख्या अठारह है। जिनके दर्शन हेतु भक्तगण वर्ष भर आते रहते हैं। इनका विवरण इस प्रकार है—

1. चक्रतीर्थ, 2. पंच प्रयाग सरोवर, इसी के तट पर अक्ष वट के नाम से

एक वट वृक्ष भी है। 3. ललितादेवी, 4. गोवर्धन महादेव, 5. क्षेमकाया देवी, 6. जानकी कुंड, 7. हनुमानजी, 8. काशी सरोवर, इसके तट पर भगवान् विश्वनाथ एवं भगवती अन्नपूर्णा का मंदिर है। इस स्थान पर लोग अपने पितरों के लिए पिंडदान भी करते हैं। 9. धर्मराज मंदिर, 10. व्यास एवं शुकदेव का स्थान—यहाँ एक मंदिर है, जहाँ भगवान् देवव्यास तथा भगवान् शुकदेव की गद्दी लगी हुई है। इसमें शुकदेवजी की गद्दी मंदिर के अंदर तथा भगवान् वेदव्यास की गद्दी बाहर स्थापित है। 11. ब्रह्मावर्त सूखा सरोवर, 12. गंगोत्तरी सूखा रेत से भरा सरोसवर, 13. पुष्कर सरोवर, 14. गोमती नदी, 15. दशाश्वमेध टीला, इस टीले के मंदिर में श्रीकृष्ण एवं पांडवों की मूर्तियाँ हैं। 16. पांडव किला, 17. सूतजी का स्थान—यहाँ सूतजी का मंदिर है, जिसमें इनकी गद्दी लगी रही है। यहीं पर राधा-कृष्ण तथा बलरामजी की मूर्तियाँ भी मंदिर में स्थापित हैं। 18. श्रीराम मंदिर।

यहाँ अनेक साधु-संतों के अनेक आश्रम हैं। इनमें स्वामी नारदानंदजी महाराज का ब्रह्मचर्याश्रम है, जहाँ आज भी पारंपरिक पद्धति से वेद-वेदांग आदि की शिक्षा विद्यार्थियों को दी जाती है।

नैमिषारण्य तीर्थ के समीपवर्ती क्षेत्रों में भी अनेक तीर्थ हैं, जिनमें रुद्रावर्त तीर्थ, मिश्रिखतीर्थ (यहाँ दधीचिकुंड एवं ब्रह्मर्षि दधीचि का मंदिर है), धौतपात तीर्थ है।

नैमिषारण्य तीर्थ की अतीव महत्ता पुराणों में वर्णित है। कूर्मपुराण में इसे त्रैलोक्य विख्यात, महादेव का प्रिय महापातकनाशक कहा गया है। इसमें किए गए दान, तपस्या, श्राद्ध, यज्ञ, अत्यंत पुण्य दायक होते हैं। इसमें एक-एक कर्म सप्त जन्मों के पापों को नष्ट कर देते हैं—

इर्द त्रैलोक्य विख्यातं तीर्थ नैमिषतुत्तमम्।
महादेवप्रियकर महातापकनाशनम्॥
अत्र दानं तपस्तप्तं श्राद्धं यागदिकं च यत्।
एकैकं नाशयेत् पापं सप्त जन्म कृतं तथा॥''

यह क्षेत्र वायुपुराण में यहाँ वैष्णव क्षेत्र कहा गया है, वहीं कूर्मपुराण में 'स्थानं भगवतः शम्भोः' इस प्रकार से शंभु का क्षेत्र होने से शैव क्षेत्र भी है।

इस प्रकार उसे हरिहरात्मक क्षेत्र कहा जा सकता है। यह क्षेत्र परम पवित्र तथा मृत्युलोक का मुख्य तीर्थ है। आज आवश्यकता है कि इस क्षेत्र का प्राचीन परंपरा के अनुसार नए स्वरूप में निवास करके इसकी प्रतिष्ठा पुनः विश्व विख्यात की जाए।

□

सामाजिक व्यवस्था के निर्माण व संचालन में कला की भूमिका

कला : अर्थात् सार्थक-सृजन

✍ *संतोष तनेजा*

किसी भी देश की सामाजिक व्यवस्था के निर्माण और उसके संचालन में निस्संदेह उस देश की कलाएँ अपनी महत्त्वपूर्ण भूमिका निभाती हैं। यही कारण है कि भारतीय सोच तो और भी दो कदम आगे जाकर यह स्पष्ट घोषणा करती है—

"साहित्य-संगीत-कला विहीनः।
साक्षात् पशु पुच्छ विषाण हीनः।"

ऐसी भारतीय सोच के चलते आप सामाजिक व्यवस्था और उसके संचालन को कला से अलग करके कैसे देख सकते हैं? इसी दृष्टिकोण का प्रभाव है कि भारत का कला-वैभव, गाँव-गाँव, नगर-नगर, जनपद-जनपद बिखरा पड़ा है, सदियों-सदियों की दासता और अभावों भरा जीवन जीने के बावजूद, अपनी-अपनी कलाओं के वैविध्य को समेटे भारत का गौरवशाली समाज, जो कुछ भी कला के क्षेत्र में कर पाया है, वह हमारी सांस्कृतिक धरोहर और समरसता रूपी चेतना के विविध रूपों में सुरक्षित और संरक्षित है। भारतीय संस्कृति और सभ्यता के विकास की जो प्रक्रिया प्रारंभ से लेकर आज तक यशस्वी हुई, उसमें ललित कलाओं व अन्यान्य कलाओं का बहुत ही अहम स्थान रहा है।

कला-रूपों के निर्माण की प्रक्रिया पर दृष्टि डालें तो अधिकांश में कलाएँ

गुरु–शिष्य परंपरा और पारिवारिक परंपरा के चलते आगे बढ़ीं। कलाओं के ही सम्वर्द्धन से हमारे देश में सांस्कृतिक संपन्नता और समरसता आई, जिसे हम अपने भारतीय समाज के विविध कार्यों में देख पाते हैं। यही कला को सीखने-सिखाने के महत्त्वपूर्ण केंद्र रहे हैं, जो कि परंपरा से पीढ़ी–दर–पीढ़ी कलाओं को निखारते-सँवारते आ रहे हैं। यह परंपरागत शिक्षण व्यवस्था आज भी महत्त्वपूर्ण और प्रासंगिक है। इसी कारण गुरु–शिष्य परंपरा के वे सभी केंद्र और घराने आज भी सम्मानित हैं तथा आज भी उनका समर्पण कई अर्थों में यथावत् बना हुआ है।

'भारतीय संस्कृति के आधार' पुस्तक में भारतीय कला पर चर्चा करते हुए महर्षि अरविंद ने भारतीय कला के मर्म को छूते हुए कहा है—"आत्मा के अंदर देखना ही भारतीय कलाकार का अपना तरीका हो जाता है और यही कला–संबंधी शास्त्र का उसके लिए विधान है। उसे जिस चीज को व्यक्त करना हो, उसका सत्य पहले उसे अपनी आध्यात्मिक सत्ता में देखना होगा और अपने संबोधि मन में उसका रूप गढ़ना होगा। अपने आदर्श के लिए, अपनी प्रामाणिकता अपने नियम और शिक्षक के लिए या अपने प्रेरणा–स्रोतों के लिए वह पहले बाह्य जीवन और प्रकृति पर दृष्टि डालने के लिए बाह्य नहीं है। जो चीज उसे व्यक्त करनी है, वह जब एक सर्वथा आंतरिक वस्तु है तो वह बाहर दृष्टि डालने के लिए बाह्य हो भी क्यों? अपने प्रेरणाप्रद साधनों के रूप में उसे जिन चीजों पर निर्भर करना है, वे बुद्धिगत विचार, मानसिक कल्पना एवं बाह्य भावावेश नहीं, बल्कि आत्मा का विचार, उसकी कल्पना और उसका भावावेश है।"

महर्षि अरविंद ने जिन शब्दों में कला को समझाया है, भारतीय संदर्भों में, इससे उपयुक्त और सार्थक ढंग से कला को नहीं समझाया जा सकता, लेकिन महर्षि अरविंद का यह दृष्टिकोण पश्चिम के आलोचकों को रास नहीं आता। इसलिए रास नहीं आता, क्योंकि वे समालोचक मूल्यांकनकर्ता 'आलोचक' नहीं, निंदाकर्ता हैं। समालोचक का दृष्टिकोण चीजों को समग्र रूप में देखना होता है और वह उनका सम्यक् दृष्टि से विचार करता है। वह उदारवादी सोच रखता है और मंथन के बाद जो निष्कर्ष सामने आते हैं, बिना पक्षपाती हुए वह उन्हें सबके सामने रखता है। उसका कोई 'हिडन एजेंडा' नहीं होता। दूसरी तरफ 'आलोचक' है, जो सिर्फ आलोचना ही करता है और कई बार तो आलोचना के नाम पर आलोचना। पश्चिम के आलोचकों ने अधिकांशतः यही किया और भारत के

पश्चिम-परस्त आलोचकों का भी कमोबेश यही रवैया रहा। उन्होंने भारतीय कला में व्याप्त न तो आत्मा को देखा, न उसकी आध्यात्मिक सत्ता के सौंदर्य को और न ही उसमें छिपी आंतरिक अनुभूति के प्रभाव को। अपनी इसी अज्ञानता और पक्षपाती सोच के कारण उन्होंने भारतीय कलाकृतियों की गलत आलोचना की और उनके प्रति अभद्र टिप्पणियाँ कीं। नटराज, गणेश, दुर्गा, शिव आदि भारतीय प्रतीकों को समझना उनके बूते की बात नहीं थी, क्योंकि इन्हें समझने के लिए आस्था, भक्ति, आत्मा, अध्यात्म जैसी अवधारणाओं को भी समझना पड़ता है।

इसी पर टिप्पणी करते हुए महर्षि अरविंद ने साफ-साफ शब्दों में कहा है—"अपनी प्राचीन कला का सही मूल्य आँकने के लिए हमें विदेशी दृष्टिकोण की समस्त दासता से अपने आपको मुक्त करना होगा। हमें अपनी भास्कर-कला और चित्रकला को उसके गंभीर उद्‌देश्य एवं उसके मूल भाव की महानता के प्रकाश में देखना होगा। जब हम उस पर इस प्रकार दृष्टि डालेंगे, तब हम यह देख पाएँगे कि प्राचीन और मध्य युगीन भारत मूर्तिकला कलात्मक उपलब्धि के अति उच्चतम स्तरों पर स्थान पाने का दावा करती है। मिस्र, यूनान और भारत को इस प्रकार की रचना में प्रथम स्थान प्राप्त है।"

निस्संदेह भारतीय मूर्तिकला की इस महान् और उत्कृष्ट परंपरा का कारण भारत के धार्मिक और दार्शनिक मन एवं सौंदर्यात्मक मन के बीच का घनिष्ठ संबंध ही है। यहाँ संपूर्ण सृजन-शक्ति आध्यात्मिक और अंतरात्मिक दृष्टि से प्राप्त होती है। भौतिक दृष्टि का प्रभाव न के बराबर होता है। यह कला अंतरात्मा को जीवन के द्वारा व्यक्त करती है। जिस व्यापक सौंदर्य-बोध को यह कला प्रकट करती है, वह भारतीय संस्कृति की मूल्यवत्ता और स्वस्थता के बड़े-से-बड़े प्रमाणों में से एक है। इस विषय में निश्चित रूप से भारतीय संस्कृति को किसी भी तुलना से डरने की जरूरत नहीं है।

हम पाते हैं कि भारत की सामाजिक संरचना भी अधिकांशतः धर्म, आस्था, भक्ति, आत्मा, अध्यात्म, दर्शन, मूल्यबोध, सौंदर्य-बोध आदि के सिद्धांतों और पारस्परिक प्रभावों पर ही टिकी है और इस संरचना के संचालन में कलाएँ भी अपना पूरा-पूरा प्रभाव डालती हैं, क्योंकि वे भी इन्हीं सब सिद्धांतों पर टिकी हैं। इन सब सिद्धांतों पर टिका समाज जब निर्मित होगा तो किसी भी 'कथानक' का अंत 'दुखांत' नहीं 'सुखांत' ही होगा। इसी कारण हमारी प्राचीन नाट्य परंपरा

'सुखांत' नाटकों से भरी पड़ी है।

यह कहना बिल्कुल अतिशयोक्तिपूर्ण नहीं होगा कि नाटकों की भारतीय परंपरा 'सुखांत' नाटकों की ही रही है और यही परंपरा आगे भी चलती रहनी चाहिए। भारतीय परंपरा के प्रमुख नाटककारों में से एक नाटककार-कहानीकार और कवि हैं—जयशंकर प्रसाद। इनकी लगभग सभी रचनाओं का अंत सुखांत है। आलोचकों की तिरछी दृष्टि के बावजूद वे पाठकों और दर्शकों के दिल पर राज करते हैं। 'चंद्रगुप्त', 'स्कंदगुप्त', 'ध्रुवस्वामिनी', 'जनमेजय का नागयज्ञ', 'अज्ञातशत्रु' आदि। उनके बहुचर्चित नाटकों में भारतीय संस्कृति के अमृत-बिंदुओं और मूल्यबोध को प्रतिस्थापित करते उनके नाटकों और अन्य रचनाओं ने भारत के सामाजिक ढाँचे को पुख्ता करने का काम किया है और इसके अनवरत संचालन में महत्त्वपूर्ण योगदान दिया है। उनका गीत—'अरुण यह मधुमय देश हमारा, यहाँ पहुँच अनजान क्षितिज को मिलता एक किनारा' आज भी भारत की सांस्कृतिक विशेषता को रेखांकित करने की सशक्त आवाज के रूप में जाना-पहचाना जाता है। 'किसी का हमने छीना नहीं, कहीं से हम आए थे नहीं, हमारी मातृभूमि है यही', प्रकृति का रहा पालना यही, उनका यह गीत 'आर्य भारत के बाहर से आए थे' वाली झूठी कहानी को नकारता है और हमारे भारतीय-बोध को पुष्ट करता है तथा उन दोगले-आलोचकों को करारा जवाब भी देता है, जो कविता में राष्ट्रवादी चेतना को खारिज करते हैं। एक सच्चे और पक्के युगद्रष्टा की तरह जयशंकर प्रसाद साहित्य-पटल पर उभरे। उन्होंने समाज को नए सिरे से अपनी मौलिक पहचान से परिचित करवाया।

इस युगद्रष्टा साहित्यकार के बारे में अपनी किताब 'जयशंकर प्रसाद : रंग दृष्टि' में प्रमुख नाटककार महेश आनंद लिखते हैं—"प्रसाद ने जीवन और रंगमंच के व्यापक संदर्भों से जोड़कर नाटक को एक परिवर्तनकारी शक्ति में बदलने का सार्थक प्रयास किया। प्रसाद का मानना था कि विदेशी औपनिवेशिक तंत्र के विरुद्ध लड़ने से पूर्व अपने भीतर के मानव को झकझोरकर उसे नई वैचारिक ऊष्मा द्वारा प्रबुद्ध और जाग्रत् करना होगा। चंद्रगुप्त, चाणक्य और ध्रुवस्वामिनी का संघर्ष इसी प्रक्रिया से गुजरकर सामने आता है। इसी दृष्टि के

तहत प्रसाद ने भारतीय इतिहास की सांस्कृतिक परंपराओं और युगीन राष्ट्रीय आंदोलनों के आदर्शों में से कथ्य की तलाश की। तलाश के इसी बिंदु से उनके नाटकों को समझा जा सकता है।"

जयशंकर प्रसाद का मानना था कि नाटक का लक्ष्य सामाजिक व्यवस्था के विकास में निहित है। उन्होंने सामाजिक विकास में नाटक की महत्त्वपूर्ण भूमिका स्वीकार करते हुए कहा है कि 'कला अशिक्षित मानव स्वभाव को, समाज को उपयोग' की वस्तु की तरह लगाव उत्पन्न करके उपयोगी बनाती है। इसकी पूर्णता के लिए, सत्य के प्रकाश के लिए, देवत्व के आदर्श की सृष्टि है। कला का उद्‌देश्य है कि वह इसकी सहायक हो, सौंदर्य से सत्य को प्रकटित करके विश्व का मंगल करे।

प्रसाद के इन रंग-विचारों से स्पष्ट होता है कि वे पहले नाट्य-चिंतक हैं, जिन्होंने अपने देश के सामाजिक-राजनीतिक परिवेश और रंग-परंपरा के परिप्रेक्ष्य में हिन्दी रंगमंच के बारे में गंभीरता से विचार किया है।

दूसरी ओर रचानात्मकता का संबंध साक्षरता या शिक्षित होने से बिल्कुल भी नहीं होता। बहुत से तथाकथित अनपढ़ कलाकार तथाकथित पढ़े लिखों पर भी भारी पड़ते हैं। यही कला का सौंदर्य है, यही कला का वैशिष्ट्य। कबीर इसके सबसे बड़े उदाहरण हैं।

आज की कला और उसके शिक्षण पर नजर डालें तो कई विचारणीय बातें सामने आती हैं। विविध बदलाव हुए हैं। आजादी के बाद राष्ट्रीय कला अकादमी की स्थापना हुई, अनेकानेक विश्वविद्यालयों में कला शिक्षण के मद्‌देनजर अनेक कला-महाविद्यालयों की स्थापना हुई। बावजूद इस सबके परिस्थितियाँ चिंताजनक हैं, सोचनीय हैं। यहाँ वास्तव में 'कला' को नहीं बल्कि 'अ-कला' को बढ़ावा मिल रहा है।

यह कला का काला दौर भी कहा जा सकता है। हमने अपनी मौलिक सोच स्थापित मान्यताओं और समरसता के सिद्धांतों को तिलांजलि दे दी है। घोर व्यावसायिकता ने हमको घेर लिया है। इस तरह की प्रवृत्ति ने कला को 'चेरी' बनाकर रख दिया है और कलाकारों को 'दयनीय'। इन सबसे हमें उबरना होगा। समय आ गया है कि भयावह स्थिति के कारणों पर निर्ममता से प्रहार किया जाए

और कला व कलाकार की प्रतिष्ठा को पुन: प्रतिस्थापित किया जाए। बाजार तो ठीक है, किंतु कला को बाजारू होने से बचाया जाए।

हमारे यहाँ साहित्य में कविता को भी कला का दर्जा प्राप्त है, क्योंकि कविता साहित्य की सर्वाधिक उत्कृष्ट और शास्त्रीय विद्या है। कविता में वह विशेष सामर्थ्य है, जो संभवत: साहित्य की अन्य विधाओं के पास नहीं है। कविता का संक्षिप्तीकरण कविता की लयात्मकता, कविता का छांदिक-विन्यास और कविता की संप्रेषणीयता ही मिलकर कविता को विशेष बनाते हैं। कविता का यही वैशिष्ट्य इसकी कलात्मकता का द्योतक है और जन-जन तक इसकी पहुँच और इसकी पकड़ को दरशाता है। इसका सबसे बड़ा और सर्वसम्मत रूप से स्थापित और यशस्वी उदाहरण है, तुलसीदास की कविता तुलसीकृत 'रामचरितमानस' की कविता समरसतावादी मानसिकता से लिखी गई थी, क्योंकि उस समय समाज की स्थितियाँ बिगड़ी हुई थीं, देश में विधर्मियों का राज था, जातिवाद का जोर था, धार्मिक-वैमनस्य का बोलबाला था। शैवों और वैष्णवों में संघर्ष की स्थिति थी और कटुता अपने चरम पर थी। यों कहिए कि समाज में पूरी अराजकता और बेचैनी की स्थिति थी। ऐसे समय में गोस्वामी तुलसीदास का युगद्रष्टा-कवि जागा और उन्होंने 'रामकथा' के माध्यम से पूरे समाज में जागृति लाने का काम किया तथा सारी व्यवस्थाओं को एक सूत्र में पिरोने का सार्थक उपक्रम कर सामाजिक समरसता को प्रतिस्थापित किया। पत्नी कैसी हो, भाई कैसा हो, राजा कैसा हो, प्रजा कैसी हो, परिवार कैसा हो? अर्थात् समाज के पूरे ताने-बाने को एक नई दिशा देने का काम अपनी सरस, सरल और सहज कविता के माध्यम से कर दिखाया। असल में यही काम है कला का। यही उसका सरोकार भी है। गिरे हुए समाज को उठाने का काम कोई हुकूमत या राजनेता नहीं कर सकता, बल्कि यह काम एक साहित्यकार या कलाकार या समाज-सुधारक कर सकता है। प्रख्यात चित्रकार राजा रविवर्मा भी ऐसे ही युगद्रष्टा कलाकार थे, जिन्होंने भारतीय महिमा-प्रतीकों को अपनी कला का विषय बनाया। समरसतावादी सकारात्मक सोच के साथ कला और समाज दोनों को समृद्ध किया। निस्संदेह कला और साहित्य के पास ही वह शक्ति है, जो रसातल में उन्मुख समाज को भी पुन: शिखरता प्रदान कर सकते हैं।

□

लोक-संस्कृति : मानव-संस्कृति

✍ *श्यामसुंदर दुबे*

मानव प्रकृति की सर्वोच्च सृष्टि है। सबकुछ सिरजने के बाद ही प्रकृति ने अपने लाड़ले प्राणी मानव को जन्म दिया। प्रकारांतर में मनुष्य के जन्म के पूर्व ही उसके लालन-पालन और उसके संपूर्ण विकास की सारी तैयारियाँ प्रकृति ने अपनी ओर से पहले से पूर्ण कर ली थीं। उसके भोजन, स्वास्थ्य, चिंतन-मनन और मनोरंजन की स्थायी व्यवस्था धरती ने ठीक उसी तरह अपने संसाधनों से जुटा रखी थी, जैसे कोई माँ अपने शिशु के आगमन के पूर्व ही जुटा लेती है। आज भी मनुष्य जो कुछ प्राप्त कर रहा है, उसके पीछे धरती की करोड़ों वर्षों की तैयारी ही है। मनुष्य अपने उन्माद के चलते अब इन संसाधनों के दोहन में पागलपन की हद तक पहुँच रहा है। परिणामस्वरूप प्रकृति-संचित वे सभी संसाधन छीजते जा रहे हैं, जिनका इस्तेमाल वह मनुष्य की संरक्षा और सुरक्षा में करती रही है। इन संसाधनों में लोक-संस्कृति भी एक महत्त्वपूर्ण संसाधन रही है।

लोक-संस्कृति परिशुद्ध रूप से प्रकृति प्रदत्त संसाधन नहीं है। उसमें मानवीय ऊर्जा की भी सक्रियता का समावेश है। दरअसल मानव द्वारा निर्मित अपने संपूर्ण विकास के आध्यात्मिक-कलात्मक सरोकार संस्कृति में समाहित हैं। उसकी वे सभी क्रियाएँ और सभी तरह के वे चिंतन, जो उसे निरंतर मानवीय बनाते जाते हैं, संस्कृति के अंतर्गत आ जाते हैं। संस्कृति के साथ लोक जोड़ देने से 'लोक संस्कृति' शब्द बन जाता है। अंग्रेजी में इस लोक को 'फोक' कहा जाता है। आज 'फोक कल्चर' के पर्यायवाची शब्द के रूप में लोक-संस्कृति शब्द का प्रयोग किया जाता है। इसको सामान्यतः ग्रामीण संस्कृति बोधक शब्द मान लिया गया

है, जबकि भारतीय मनीषा में लोक को संपूर्ण जगत् के रूप में स्वीकार किया है। संभवत: जब 'लोक' शब्द अस्तित्व में आया होगा, तब नगर और गाँव का अभेद रहा होगा। बहरहाल लोक-संस्कृति के अंतर्गत गाँवों में प्रचलित जीवन-पद्धति के क्रियाकलाप ही परिगणित होते हैं। लोकगीत, लोकसंगीत, लोकाचार, लोक-बोली, लोक-व्यवहार, लोकोत्सव आदि को लोक-संस्कृति में समाहित किया जा सकता है।

लोक-संस्कृति के सृजन और विकास में केवल मानव समुदाय की भूमिका की महत्त्वपूर्ण नहीं है, इसमें लोक प्रकृति का भी सहयोग सम्मिलित है। अत: लोक-संस्कृति केवल मानव निर्मित संसाधन नहीं है। यह प्रकृति निर्मित संसाधन भी है। प्रकृति के साथ साझेदारी करता मनुष्य जब अपने विकास के प्रारंभिक सोपानों पर ऊर्ध्वारोहण कर रहा था, तब अपने होने की तस्दीक भी वह इसी समायोजन में कर रहा था और अपनी उपस्थिति को सार्थक बनाने का प्रयास भी वह अपने इसी उपक्रम में कर रहा था। लोकजीवन के अधिसंख्य संस्कार प्रकृति प्रेरित हैं। लोक के समस्त आयोजन और उसके अनुष्ठान प्रकृति की आधारभूमि पर ही विकसित हुए हैं। एक तरह से मनुष्य के श्रेयस और प्रेयस के जो प्रयत्न हैं, वे इन लोक-आचरणों से उद्भूत हैं। इन प्रयत्नों में प्रकृति की पवित्र साझेदारी है। लोक-सस्कृति पुरुषार्थ चतुष्ट्य की प्राप्ति हेतु निरंतर किए जानेवाले प्रयत्नों में ही अभिव्यक्त हुई है। अत: वह मनुष्य की सर्वोच्च सिद्धि की मूलगामिनी शक्ति है।

लोक-संस्कृति ने अपनी प्रकृति प्रवणता के परिणामस्वरूप बहुत लंबे अरसे तक मनुष्य को मनुष्य बनाए रखने का उच्चाशयी प्रयत्न किया है। इसलिए लोक-संस्कृति में मनुष्य के स्वप्न और यथार्थ का गहरा समावेश प्राप्त होता है। यथार्थ के साथ पराक्रम की सन्निहिति ने उसे पुरुषार्थी बनाया, तो स्वप्न और कल्पना की अभिक्रियाओं ने उसे अनुरंजन की मंगलदृष्टि प्रदान की। लोक-संस्कृति लोक के सुख-दु:ख की मिली-जुली अनुभूति से समावेष्टित है। अत: उसने मानव की संपूर्णता को गहराई से तलाशा। दु:ख में निरंतर अपने को बचाए रखने के लिए जो आनुष्ठानिक कार्यकलाप किए गए, वे लोक-संस्कृति के धार्मिक अभिचार बनते गए। मनुष्य ने प्रकृति के भयावह रूप को देखा ही

नहीं, उससे संघर्ष भी किया, किंतु दुर्जेय प्रकृति के समक्ष उसने अपनी निरीहता को प्रकृति-पूजन में संकेंद्रित किया। वायु, अग्नि, वरुण आदि की पूजा-पद्धति और आदिवासियों में भूत-प्रेत आदि के पूजा-अभिचारों में यही निरीहता स्पष्ट होती है। इस निरीहता ने मनुष्य को शक्तिशाली बनाया है। वह अपने को निरंतर मूल्यांकित करता रहा है और प्रकृति से जूझता रहा है। दरअसल वह जब प्रकृति की भयावहता की पूजा कर रहा था, तब वह अपने स्तर पर अपनी सुरक्षा तलाश रहा था और अपने तात्कालिक भय की निवृत्ति का रास्ता खोज रहा था। लोक-संस्कृति में जो धार्मिक अनुष्ठान हैं, वे मनुष्य को भयमुक्त करने के विधान ही हैं। अब यह अलग तथ्य है कि ये विधान भी कालांतर में अन्य भयों को सिरजनेवाले बने।

लोक-संस्कृति में जो लोक की आराधना है, वह विश्वास पर आधारित है। सृष्टि मात्र के भीतर विश्वास की गारंटी को लेकर चलनेवाली लोक-संस्कृति इसीलिए मानवीय भावों की उच्चभूमि निर्मित कर सकी है। लोक में बुद्धि की भूमिका का स्थान नगण्य है। बुद्धि उनती हो, जितने से जीवन-निर्वाह की सुविधा प्राप्त की जा सके। उत्पादन के संसाधनों और उपयोगी वस्तुओं के अनुकूलन के निमित्त जो वैज्ञानिक और व्यावसायिक चेतना जरूरी थी, उसको लोक ने आवश्यक माना और उसे नित नए प्रयोगों के लिए स्वतंत्र छोड़ दिया गया है। लोक-संस्कृति ने भावनात्मक एकता के प्रसार हेतु एवं उसके सुदृढीकरण हेतु महत्त्वपूर्ण योगदान किया है। लोकगीत, लोककथाएँ, लोकसंगीत, लोकोत्सव, लोकनाट्य आदि प्रदर्शनकारी कलाएँ लोक की इसी भूमिका को उजाकर करती हैं। इन लोककथाओं का स्वरूप सामूहिक आयोजनों का है, अत: इनमें सामाजिक समरस्ता के लिए पर्याप्त गुंजाइश रहती है। ऊँच-नीच, गरीब-अमीर आदि का भेदभाव अपने आप इन कलाओं में प्रदर्शन क्षण में समाप्त हो जाता है। इनमें कुछ तो ऐसी क्रियाएँ हैं, जिनमें दर्शक और कलाकार में कोई अलगाव नहीं होता। पूरा गाँव ही नहीं, पूरा इलाका ऐसे आयोजनों में सम्मिलित होता है। बाकायदा ऐसे आयोजनों में शिरकत करने दूर-दूर से लोग आते भी हैं। भाईचारे को ऐसे अवसर निरंतर बढ़ाते हैं।

मनुष्य के व्यक्तित्व परिष्कार में भी इन कलाओं का योगदान कम नहीं

है। ये कलाएँ श्रम को प्रतिष्ठा और श्रम के परिहार की समन्वय क्षमता रखती हैं। श्रम करते हुए स्त्रियाँ अकसर लोकगीत गाती रहती हैं। चक्की पीसते हुए, फसल काटते हुए, बोहनी करते हुए तथा नाव चलाते हुए गाए जानेवाले लोकगीत एक ओर शरीर में उत्पन्न श्रमजन्य उत्तेजना के परिमाण हैं, तो दूसरी ओर उनका गाना श्रम परिहरणकारक भी है। थके-हारे मनुष्य को विश्रांति की गोद में ले जाने के लिए लोक-संस्कृति के वे सांस्कृतिक अनुभाग शरीर और उसकी सेहत के लिए जरूरी हैं। लोकनृत्य और लोकोत्सवों में शारीरिक सौंदर्य की तराश का भी ध्यान रखा गया है। यदि लोक के पास ये कला माध्यम न होते तो लोक तरोताजा कैसे हो पाता? दिनभर के हारे-थके लोग रात में लोकथाएँ सुनकर, लोकगीतों में हिस्सेदारी करके और लोकनाट्य को देखकर रिलैक्स होते हैं, तनावमुक्त होते हैं। शरीर और मन की ताजगी व्यक्ति की कार्यपद्धति में गुणात्मक परिवर्तन प्रस्तुत करनेवाली होती है। यहाँ इस तथ्य को भी ध्यान में रखना पड़ेगा कि लोक में जो खेलकूदपरक मनोरंजन हैं, वे भी सामूहिक कला के ही अंग हैं। अधिकांश खेलों में संगीत का समावेश है।

लोकोत्सव सामूहिक उल्लास से अनुप्रेरित हैं। लोक-संस्कृति में लोकोत्सवों का आयोजन प्राय: फसलों की पूर्णता पर होता हैं। फसल पक गई, उसकी खलिहान में गाहनी हो चुकी और अनाज के दाने घर में आ गए, तो उत्सवों का क्रम आरंभ हो गया। प्रकृति और ईश्वर के प्रति कृतज्ञता का भाव-प्रदर्शन के साथ अपने श्रम की सार्थक परिणति की प्रसन्नता मानवीय संबंधों को और अधिक पवित्र और अधिक प्रसन्न बनाती है। अनेक त्योहार तो ऐसे हैं, जो लोकजीवन में केवल संबंधों की ऊष्मा को स्थायी बनाए रखने के निमित्त ही बनाए गए हैं। भाई-बहन, पति-पत्नी, सास-बहू आदि के संबंधों में अलगाव न आ पाए, इसलिए इन्हें प्रतिवर्ष गाढ़ा और गाढ़ा बनानेवाले त्योहार लोकजीवन में खूब प्रचलित हैं। लोक-संस्कृति मनुष्य को आत्मीयता से लगातार भरती रहती है, जिससे वह न तो अकेला पड़ पाता है और न ही कुंठित हो पाता है। यही कारण है कि लोक-संस्कृति ने कभी मनुष्य को पराजय-बोध का शिकार नहीं होने दिया है। उसे सदैव मनस्वी बनाने का संकल्प लोक-संस्कृति के भीतर है।

संसार को अधिक मानवीय बनाने में लोक-संस्कृति का बड़ा योगदान

है। लोक-संस्कृति के भीतर करुणा, सहानुभूति, मैत्री, परोपकार तथा दया जैसे मानवीय भाव सम्मिलित हैं। लोककलाओं में और लोक 'साहित्य' में इन भावों का व्यापक संसार समाया हुआ है। माँ का मातृत्व, पत्नी का पातिव्रत, मित्र की मित्रता, पुत्र की मातृ-पितृ सेवा तथा गरीब के हितार्थ दान की महिमा आदि का सघन संवेदनात्मक वर्णन लोकगीतों और लोककथाओं में जगह-जगह मिल जाता है। लोक-संस्कृति के रंग अपनी आंचलिक प्रकृति के कारण् भले ही अलग-अलग दिखाई देते हैं, किंतु इसके आंतरिक तत्त्व लगभग एक जैसे हैं। प्रकृति और जलवायु की भिन्नता से अलग-अलग क्षेत्रों की लोक-संस्कृति का बाह्य परिवेश भिन्न-भिन्न है, किंतु लोक की आंतरिक संरचना में निहित मूल्य-चेतना उसे समग्र राष्ट्र ही नहीं, समग्र विश्व से एकाकार कर देती है।

लोक-संस्कृति पर आधुनिकता का जबरदस्त हमला हो रहा है। विकास की प्रक्रिया भी यही है। गाँवों का भी नगरीकरण हो रहा है। वहाँ के जीवन में वे सारी सामाजिक-सांस्कृतिक प्रविष्टियाँ समाप्त हो रही हैं, जो अपने माध्यम से लोक-संस्कृति को जीवित रखे हुए थीं। यांत्रिकीकरण और औद्योगिकीकरण ने गाँवों का कायापलट कर दिया है। अत: लोक-संस्कृति भी देश-निकाले के लिए लगभग तैयार बैठी है। यदि लोक-संस्कृति के साथ छेड़छाड़ की जाती है या उसे बेदखल किया जाता है तो निश्चित ही पारंपरिक मानवीय मूल्यों को आघात लगेगा। मनुष्य अपनी जातीय स्मृतियों से वंचित होकर वर्तमान में खंडित गानसिकता का दर्द भोगेगा। उसका एकाकीपन और अधिक बढ़ेगा और वह अधिक अमानुष भी बनेगा। यद्यपि आधुनिक कला-संरचना और आधुनिक जीवनबोध के विभिन्न क्रियकलापों में हम अपनी लोक-संस्कृति का रचनात्मक सहयोग लेते हैं, किंतु उसके संरक्षण के उपायों तक हम नहीं जानना चाहते हैं, जबकि मानव संसाधन के सही उपयोग हेतु लोक-संस्कृति की बहुमुखी ऊर्जा लेकर विकास के नाए मार्ग देने को तत्पर रहे।

□

सांस्कृतिक वाटिका में शास्त्रीय नृत्य के पुष्प

✍ *शशिप्रभा तिवारी*

'संस्कृति' एक विराट् शब्द है। 'संस्कृति' यानी संसार भर में जो भी सर्वोत्तम बातें मानी या कही गई हैं, उनसे अपने-आप को परिचित कराना संस्कृति है। दूसरे शब्दों में कहें तो संस्कृति शारीरिक या मानसिक शक्तियों का प्रशिक्षण, दृढीकरण या विकास अथवा उससे उत्पन्न अवस्था है। यह मन, आचार, रुचियों की 'परिष्कृति' या 'शुद्धि' है। यह सभ्यता का भीतर से प्रकाशित हो उठना है। इस अर्थ में संस्कृति कुछ ऐसी चीज का नाम हो जाता है, जो बुनियादी और अंतरराष्ट्रीय है। संस्कृति के कुछ राष्ट्रीय पहलू भी होते हैं। इसमें कोई संदेह नहीं कि अनेक राष्ट्रों ने अपना कुछ विशिष्ट व्यक्तित्व और अपने भीतर कुछ खास ढंग के मौलिक गुण विकसित किए हैं। इस संदर्भ में यदि यह कहा जाए कि भारत की संस्कृति में यह विशिष्टता है, तो कोई अतिशयोक्ति नहीं होगी।

हमारी संस्कृति की संरचना कई आयामों से जुड़ी हुई है। इनमें आर्य और आर्येतर संस्कृतियों का मिलन, वैदिक धर्म, राधा-कृष्ण भक्ति, वैष्णव भक्ति, जैन-बौद्ध धर्म, साहित्य, यूरोपीय देशों से संपर्क और उनके प्रभाव आदि सभी इसमें समाहित हैं। संस्कृति की भाषा में आम जीवन, लोक भाषा, जनजातीय भाषा और समय का प्रभाव हमेशा से रहा है। चित्र लिपि, ब्राह्मी, प्राकृत, संस्कृत, पाली, हिंदी, अन्य क्षेत्रीय भाषाओं ने संस्कृति की गंगा में छोटी-छोटी नदियों

के रूप में अपना योगदान किया है। आज भी संस्कृति के विभिन्न पहलुओं पर लिखा-पढ़ा-सोचा जा रहा है, चिंतन-मनन किया जा रहा है, जिसकी भाषा न सिर्फ हिंदी या अंग्रेजी है। बल्कि, भारतीय संस्कृति की चर्चा विदेशी भाषाओं में भी सदियों से की जाती रही है और आज भी हो रही है। जब संस्कृति के स्थूल या सूक्ष्म रूप प्रभावित होते हैं, तब भाषा भी इनसे अछूती नहीं रह सकती।

भारतीय संस्कृति में नृत्य, गायन और वादन को आध्यात्मिक साधना का माध्यम माना जाता रहा है। वेदों और पुराणों से प्रमाणित होता है कि भारत में गायन, वादन और नर्तन यानी कलाओं का धर्म से गहरा संबंध रहा है। वैसे आमतौर पर नाचने की क्रिया नर्तन है। नृत्त, नृत्य और नाट्य, ये नर्तन के ही अंग हैं। भरतमुनि ने 'नाट्यशास्त्र' में 'नाट्य' शब्द का प्रयोग कई अर्थों में किया है। उन्होंने 'नाट्य' को अभिनय और नर्तन के तत्त्व के तौर पर परिभाषित किया है। उनके अनुसार नाट्य में संसार का न कोई ऐसा ज्ञान है, न कोई ऐसा शिल्प है, न कोई ऐसी विद्या है, न कोई ऐसी कला है, न कोई ऐसा कर्म और न कोई ऐसा योग, जो इसमें शामिल न हो। इसलिए संसार का जो यह प्राकृत स्वभाव है, जिसमें सुख-दुख भरे हुए हैं, उन सभी का अभिनय के विभिन्न अंगों द्वारा जो प्रदर्शन किया जाता है, वही 'नाट्य' है।

दरअसल, मन में भाव पैदा होने पर वह शरीर की किसी-न-किसी क्रिया में साकार हो उठता है। इसी से अभिनय या नाट्य की शुरुआत होती है। जैसे प्रसन्नता होते ही मुख पर हँसी दौड़ जाती है और पैरों से उछल-कूद शुरू हो जाती है। क्रोध आने पर भृकुटियाँ तन जाती हैं, शरीर के अंग-प्रत्यंग कंपित हो जाते हैं। भाव-विहीन स्थिति में शरीर अपनी सहज एवं स्वाभाविक मुद्रा में रहता है और वाणी का काम मध्यम सप्तक में होता रहता है। श्रद्धा या भक्ति का आविर्भाव होने पर शरीर शालीनता से झुक जाता है। आँखें निर्मल बन जाती हैं और स्वर मंद्रतर बन जाते हैं। शायद यही भारतीय शास्त्रीय नृत्य की शुरुआत है, जिसमें देह भंगिमा, अभिनय तथा मुख के भावों को सहज रूप से प्रयोग किया जाता है।

वरिष्ठ नृत्यांगना सोनल मानसिंह के अनुसार नृत्य में यदि आपके अंदर की दुनिया, आपका अंदर का ईश्वर बाहर प्रदर्शित नहीं हो पाया, तो आपका अभिनय

सशक्त नहीं होगा। अभिनय सशक्त नहीं हुआ, तो आप जो कहना चाह रहे हैं, जो बताना चाह रहे हैं, जो इंगित करना चाह रहे हैं, अभिनय के द्वारा वह नहीं उभर पाएगा। तो दर्शकों का मन लुभाना नहीं हो पाएगा। यह कुछ वैसे ही होगा कि आपने एक तीर तो चलाया, मगर वह तीर न दर्शकों को लगा और न उससे कुछ हुआ। नृत्य में यह स्थिति तलवार की धार पर चलने जैसी है, क्योंकि नृत्य ही अकेली ऐसी एकमात्र विधा है, कला में जिसका कोई दूसरा उपकरण नहीं होता। यहाँ शरीर ही आपके पास है, जो आपका इंस्ट्रूमेंट बन जाता है। नृत्य का काम क्षणिक है, पानी के बूँद सरीखा। एक बुदबुदा उठा, बुदबुदा बैठ गया और फिर वह पानी में विलीन हो बह गया। हमारी कलाओं में लोकधर्मी और नाट्यधर्मी की अवधरणा रही है। ये एक साथ नृत्य-परंपरा में अंतर्धारा की तरह बहती आई हैं। एकल नृत्य विधाओं में जो नृत्यांगना सोलो डांसर है, वह नृत्य भी कर रही है और उसी क्षण नाट्य भी कर रही है। अर्थात् एक स्तर पर वह नृत्य करती है, तो दूसरे स्तर पर वह अभिनय पक्ष सँभालती है। इस तरह लोकधर्मी एवं नाट्यधर्मी, देशी और मार्गी आपस में गुँथे हुए चलते हैं।

सोनल मानसिंह मानती हैं कि जब कला में परिपक्वता आने लगती है तो आप कुछ नया, चुनौती भरा और दुर्लभ काम करने के उत्साह से भर जाते हैं। वे कहती हैं कि बचपन से मैंने हिंदी, गुजराती वगैरह में ढेरों पौराणिक कहानियाँ सुन रखी थीं। उसमें भी मुझे द्रौपदी का चरित्र बहुत सच्चा और अपना लगता था। जैसे-जैसे मैं मैच्योर होती जा रही हूँ, द्रौपदी की कहानी, उसके विचार, उसका जीवन, उसके दुख और हाहाकार मुझमें समाते जा रहे हैं। मेरी धारणा पुख्ता होती जा रही है कि समय भले ही बदल गया हो, मगर स्त्री के प्रति समाज का रवैया वही है, जो महाभारत काल में था। आज भी किसी के पास समय नहीं है कि यह झाँककर देख सके कि कौन से सामाजिक, राजनीतिक कारण रहे होंगे, जिसने यज्ञ से पैदा होनेवाली इतनी सबल स्त्री को, जीवन में अनेकों बार अग्नि परीक्षाओं में डाला गया हो। इस तरह से ढेरों उधेड़बुन में रहते हुए और अधिकांश द्रौपदी साहित्य पढ़ते हुए मैंने पहली बार 1994 में द्रौपदी डांस ड्रामा किया। मुझे लगता है कि हर स्तर पर हर एक कलाकार को अपना खुद का इतिहास लिखना पड़ता है। महर्षि वेदव्यास की सोच से अलग, मेरी अपनी सोच,

मेरा अपना ढंग और मेरी उस चरित्र को लेकर खुद की व्याख्या ही द्रौपदी के प्रसंग के साथ न्याय कर पाएगी। मुझे तकलीफ होती है यह जानकर कि द्रौपदी की इतनी गरिमामय छवि के बावजूद अकसर लोग उसके चरित्र को बेरहमी से ट्रीट करते हैं। मैंने अपनी नाटिका में इन सारे भावों को सूक्ष्मता से पकड़ने की कोशिश की है।

गौरतलब है कि भारतीय शास्त्रीय नृत्य या संगीत में कोरियोग्राफी को कभी लिखा नहीं गया। बस कुछ बातें संकेतों में कह दी गई हैं। सिर्फ परंपरागत ढाँचा है, हर कलाकार अपने तरीके से नृत्य को सँवारता और विकसित करता है। नृत्यांगना सोनल मानसिंह ने कई नृत्य रचनाएँ की हैं, जिनमें कुछ हैं—चतुरंग, संन्यासी उपगुप्त, शृंगारिका, अष्टनायिका, मधुराष्टकम, गीत गोविंद, द्रौपदी, कृष्ण रंग राची, देवी दुर्गा, तेजस्विनी, कस्तूरबा आदि। यहाँ यह जिक्र करना उचित होगा कि पिछले कुछ सालों में युवा कलाकारों, जैसे कथक नृत्यांगना पुनीता शर्मा व ओडिशी नर्तक अनिरुद्ध दास ने द्रौपदी के चरित्र को नृत्य-नाटिकाओं में पेश किया है।

वास्तव में, नृत्य की आत्मा साहित्य और संगीत की तरह नवरस में ही समाहित है। भाव और रस के पारस्परिक संयोग से ही अभिनय पूर्ण होता है। जिस प्रकार सुस्वादु पकवान में व्यंजन और मसाले दोनों का संयोग होता है, उसी तरह श्रेष्ठ अभिनय में रस और भाव एक-दूसरे से मिले रहते हैं। चाहे वह उत्तर भारत का कथक नृत्य हो या दक्षिण का भरतनाट्यम या कुचिपुड़ी। कथक के क्षेत्र में लखनऊ घराने के ठुमरी सम्राट् पंडित बिंदादीन महाराज ने हजारों ठुमरियाँ और दादरा की रचना की है। उनकी रचनाओं को हाव-भाव से अभिव्यक्त करनेवाले उनके भतीजे पंडित अच्छन महाराज, पंडित लच्छू महाराज और पंडित शंभू महाराज प्रवीण कथक नर्तक थे। कहा जाता है कि बिंदादीन महाराज के समय ठुमरी का भाव प्रदर्शन प्रायः खड़े होकर किया जाता था, लेकिन शंभू महाराज ने बैठकर भाव बताने का अंदाज शुरू किया। ठुमरी के एक-एक बोल को विभिन्न भावों और अर्थों के अनुसार केवल आँखों और मुख से घंटों अभिव्यक्त करने की क्षमता केवल शंभू महाराज में थी। उनके संबंध में भरतनाट्यम नृत्यांगना बाला सरस्वती ने कहा था कि नैन और मुख के माध्यम से

शंभू महाराज आशा, हर्ष, शोक, व्यथा, उमंग, प्रतीक्षा का भाव इतनी कुशलता से व्यक्त करते हैं कि लगता है, उनके पास बैठकर फिर से उनसे शिक्षा ग्रहण करूँ। इसके अलावा, पंडित शंभू महाराज ने ठुमरी 'बता दे गुईयाँ कौन गली गए श्याम' पर भावुकता से विरहोत्कंठिता नायिका को प्रस्तुत करते थे। इसकी कुछ झलक विदुषी उमा शर्मा के नृत्य में आज भी देखने को मिलती है। इसी संदर्भ में पंडित लच्छू महाराज के भाव प्रदर्शन की प्रशंसा का वर्णन शाब्दिक कोष से बाहर माना जाता था। वह ठुमरी 'मोहे पनघट पे नंदलाल छेड़ गयो रे' पर कृष्ण-राधा की छेड़छाड़ का अभिनय सजीव, कलात्मक और उत्कृष्टता से भर देते थे।

लखनऊ घराने की कथक परंपरा के कालका बिंदादीन घराने के प्रतिनिधि पंडित बिरजू महाराज का सफर लखनऊ से शुरू हुआ। वे अपने माता-पिता की सबसे छोटी संतान थे। उनसे बड़ी उनकी तीन बहनें थीं। कहावत है कि होनहार बिरवान के होत चीकने पात। जब बालक बिरजू सिर्फ आठ साल के थे, उनके सिर से पिता का साया उठ गया, हालाँकि बहुत छुटपन से ही वे अपने पिता के साथ कार्यक्रमों में शिरकत करने लगे थे। फिर भी, तालीम से अपने को समृद्ध करने के लिए उन्होंने अपने दोनों चाचाजी पंडित लच्छू महाराज और पंडित शंभू महाराज का सान्निध्य प्राप्त किया। संघर्ष के उस दौर में उनके पिता के शिष्य 'नटराज' शंकर देव झा ने उनका खूब मार्गदर्शन किया। पंडित बिरजू महाराज की शिष्या कपिला वात्स्यायन ने भी उन्हें आगे बढ़ने में सहयोग दिया। इन सबके इतर किशोर बिरजू को अपनी प्यारी अम्माँ की स्नेहमयी छाया में संगीत की बारीकियाँ सीखने को मिलीं। उन्होंने अपनी अम्माँ से 'जाने दे मैका', 'सुनो सजनवा', 'मेरी सुनो नाथ', 'छोड़ो-छोड़ो बिहारी', 'जागे हो कहीं रैन', 'झूलत राधे नवल किशोर', 'कैसे खेलूँ मैं पिया घर ब्याही' जैसी अपने पूर्वजों की बंदिशों को सीखा और इन्हें नृत्य में पिरोया। बहुमुखी प्रतिभा के धनी पंडित बिरजू महाराज एक महान् कथक नर्तक और कोरियोग्राफर हैं, बल्कि वे उतने ही महान् गायक, काव्य रचनाकार, तबला वादक और नाल वादक भी हैं।

पंडित बिरजू महाराज का मानना है कि उनका जन्म सिर्फ और सिर्फ नृत्य के लिए हुआ। भगवान् के प्रति आभार व्यक्त करते हुए वे कहते हैं कि उसने मुझे इतनी अच्छी याददाश्त और बुद्धि दी है। मैंने जो भी संगीत सुना और नृत्य

देखा, वह मुझे आज भी याद है। एक बार अम्माँ ने पिताजी से कहा कि बिरजू को आप भाव क्यों नहीं सिखाते हैं? तो उन्होंने हँसते हुए जवाब दिया कि इतने छोटे बच्चे को भाव क्या बताऊँ। जब यह बड़ा होगा, दुनियादारी को जानेगा-समझेगा तो भाव खुद-ब-खुद सीख जाएगा। यह अनुभव की चीज है, सिखाने से समझ नहीं आएगी।

पंडित बिरजू महाराज के नृत्य की यह जगमगाहट उनके चाचा लच्छू महाराज की तरह सिनेमा-जगत् तक पहुँच चुकी है। पंडित लच्छू महाराज ने 'नरसी मेहता', 'भरत मिलाप', 'राम-राज', 'एक ही रास्ता', 'महल' आदि फिल्मों में नृत्य निर्देशन किया। उन्हें फिल्म 'मुगल-ए-आजम' में 'मोहे पनघट पे नंद लाल छेड़ गयो रे' गीत पर अभिनेत्री मधुबाला द्वारा भाव प्रदर्शन को उस समय के श्रेष्ठ नृत्य में गिना गया। उसी विरासत को पंडित बिरजू महाराज ने आगे बढ़ाया है। उन्होंने सन् 1977 में सत्यजीत रे की फिल्म 'शतरंज के खिलाड़ी' में पहली बार कोरियोग्राफी की। उस फिल्म में बिंदादीन महाराज की ठुमरी 'कान्हा मैं तोसे हारी' पर कथक नृत्य की संरचना की थी। उन्होंने 'दिल तो पागल है', 'गदर—एक प्रेम कहानी' के गीत 'आन मिलो सजना', देवदास के 'काहे छेड़े मोहे', 'विश्वरूपम', 'डेढ़ इश्किया' और 'बाजीराव मस्तानी', 'मोहे रंग दो लाल' में कथक के इंद्रधनुषी रंग को पेश किया है। कमल हसन की फिल्म विश्वरूपम् में कोरियोग्राफी के लिए पंडित बिरजू महाराज को राष्ट्रीय फिल्म पुरस्कार से नवाजा गया।

अकसर देखने में आता है कि कथक में एक खुलापन है। जबकि भरतनाट्यम हो या मोहिनीअट्टम् हो या ओडिशी हो या कुचिपुडी नृत्य का प्रदर्शन, अधिकांश नृत्य विधाओं में कुछ प्रसंग मिथक और इतिहास के ऐसे हैं, जिनका प्रयोग और प्रदर्शन अब एक रूढ़ि या परिपाटी की तरह होता चला आया है। जैसे—सीता स्वयंबर प्रसंग, दशावतार वर्णन, शिव तांडव, रावण वध या कृष्ण लीला अथवा अन्यान्य प्रसंग। इस बारे में नृत्यांगना सोनल मानसिंह बताती हैं कि दरअसल जो प्रसंग आसानी से जनमानस में बैठे एवं रच-बस गए हैं, उनका प्रयोग कलाकार आसानी से करते रहते हैं। ज्यादातर कथा-प्रसंगों में, जो एक आम आदमी को आसानी से ग्राह्य है, ऐसे भजन, कीर्तन सीधे नृत्य

में प्रचलित रहते हैं। इनके प्रचलन में उन प्रसंगों का बार-बार दोहराया जाना आसानी से दर्शकों में कम्यूनिकेट करता है। यह कम्यूनिकेशन नृत्य-परंपरा और दर्शकों के आपसी संबंध में एक 'लिंक' बनाता है। इस 'लिंक' अथव जुड़ाव के कारण कलाकार का भी एक कंफर्ट जोन बनता है। कलाकार को भी इस बात का पता रहता है, जिसके कारण वह इन प्रचलित प्रसंगों को अपनी कला का कथानक बनाता है। मान लीजिए, अहल्या का प्रसंग है और वह भी वाल्मीकि रामायण वाला प्रसंग है, न कि तुलसी के रामचरितमानस का। यहाँ कलाकार को इस चीज का ध्यान रखना पड़ता है कि कौन-सा प्रसंग, किस ग्रंथ से लिया जा रहा है। अब यह जो चयन है, वह बड़ा मुश्किल और श्रम-साध्य कार्य है। इस चयन में कलाकार को जिस बात पर सर्वाधिक ध्यान देने की जरूरत रहती है, वह यही है कि एक आम कलाकार के लिए भी वह प्रसंग कितने मतलब का है, लेकिन इसके साथ यह बात भी महत्त्वपूर्ण हो जाती है कि कलाकार की अपनी समझ कितनी है। कलाकार का अपना ज्ञान, उसका नजरिया क्या है और वह किस हद तक किसी दूसरे विद्वान् से सलाह लेने को तैयार है? इस सलाह में यह जरूरी हो जाता है कि उसने जिस कथा का चयन किया है, वह किस ढंग से रूपाकार लेगी, यदि वह उसमें अपना चिंतन भी शामिल करता है। यहाँ यह चर्चा करना उचित होगा कि कुछ नृत्यांगनाओं ने इस मामले में अच्छी कोशिश की है, जिससे कश्मीर से कन्याकुमारी और असम से गुजरात तक किसी-न-किसी रूप में जुड़ता है। इसकी शुरुआत कभी रोहिणी भाटे, सोनल मानसिंह और कुमुदिनी लाखिया, मल्लिका साराभाई जैसी नृत्यांगनाओं ने की थी। उस सिलसिले को अनेक कलाकारों द्वारा आगे बढ़ाया गया है, जिसमें विशेष रूप से भरतनाट्यम नृत्यांगना रमा वैद्यनाथन द्वारा कश्मीरी संत लल्लेश्वरी की रचना पर नृत्य करना या भरतनाट्यम नृत्यांगना संध्या पुरेचा का मराठी संतों की रचनाओं को नृत्य में पिरोना या कथक नृत्यांगना शीला मेहता का गुजराती छंद काव्य पर नृत्य करना या ओडिशी नृत्यांगना रंजना गौहर का कबीर के दोहे या महाराजा स्वाति तिरुनाल के गीतों पर ओडिशी नृत्य पेश करना या कुचिपुडी नृत्य युगल वनश्री जयराम राव का रवींद्रनाथ ठाकुर की रचना चित्रांगदा को प्रस्तुत करना या कथक नृत्यांगना शोवना नारायण द्वारा कादंबरी की व्यथा को दर्शाना या कथक

नृत्यांगना सुमिता शर्मा का कवयित्री महादेवी के काव्यों को नृत्य में पिरोना आदि शामिल किए जा सकते हैं। जहाँ एक भरतनाट्यम नर्तक नवतेज सिंह जौहर ने ठुमरी-दादरा पर भाव किया है, वहीं दूसरी ओर उन्होंने पंजाबी लोकगीतों पर आधारित हीर-राँझा की प्रेमकथा को भी अभिनय के जरिए निरूपित किया है। इसे रसिकों की खूब वाहवाही मिली है।

भारतीय नृत्य की नई दिशाओं के संबंध में कला समीक्षक डॉ. सुनील कोठारी का मानना है कि सन् 1984 में मुंबई के नेशनल सेंटर फॉर परफॉर्मिंग आर्ट्स में पूर्व और पश्चिम नृत्य भारतीय नृत्य की नई दिशाएँ में नृत्य की जो जुगलबंदी हुई, वह भारतीय नृत्य पर पुनर्विचार और भारतीय नृत्य में नई सर्जना के संबंध में एक महत्त्वपूर्ण मोड़ था। कला और जीवन का संबंध, फार्म्स, पौराणिक प्रसंगों की प्रासंगिकता, धार्मिकता, कठोर मानकीकरण, परिमाण, बुद्धिहीनता, परंपरा आदि मुद्दों पर कलाकारों ने अपने विचार रखे। तब नृत्यांगना चंद्रलेखा ने प्रश्न उठाया कि संकीर्णता के कारण भारतीय शास्त्रीय नृत्य, पिछले चालीस वर्षों में विश्व में हुए सामाजिक, ऐतिहासिक, वैज्ञानिक, मानवीय व नाटकीय परिवर्तनों के प्रति अनुत्तरदायी क्यों हैं? मार्शल आर्ट और योग में छिपे फार्म्स की ताकत को क्यों नहीं अपना सकता?

कला समीक्षक डॉ. सुनील कोठारी ने जिन सवालों को उठाया है, उसके कुछ-कुछ जवाब आजकल के युवा कलाकार ढूँढ़ते नजर आते हैं। इस परिवर्तन और नए प्रयोग के लिए कथक नृत्यांगना अदिति मंगलदास खूब जानी जाती हैं। उन्होंने घुँघरुओं में झनकारों के साथ जो शांति और मौन की तलाश अपनी नृत्य रचना 'वाटर या नेचर' में की है, वह अद्वितीय है। इसी तरह श्रीराम भारतीय कलाकेंद्र की नृत्य रचनाएँ कर्ण, राम, कृष्ण, मीरा आदि में जो समय के साथ बदलाव आया है, वह भी ध्यान खींचता है। इस समय केंद्र के कोरियोग्राफर शशिधर नायर कहते हैं कि हम कथक, छऊ, कलरीपट्टु, लोकनृत्य, जनजातीय और समकालीन नृत्यों को शामिल करके इन पौराणिक पात्रों को युवा दर्शकों के सामने पेश कर रहे हैं, ताकि उन्हें ये आकर्षित कर सकें। अब तो खजुराहो नृत्य समारोह जैसे प्रतिष्ठित नृत्य समारोह में भी नए प्रयोगों के लिए मंच प्रदान किया जा रहा है। ब्रिजेट शेटेनियर-मॉम गांगुली द्वारा प्रस्तुत नृत्य रचना गंगा, पार्वती दत्ता की सात नृत्य

शैलियों का समागम और निरुपमा व राजेंद्र के कथक नृत्य में कुछ नयापन दिखा।

कथक नृत्यांगना अदिति मंगलदास ने परंपरागत कथक में कई तरह के प्रयोग किए हैं। नृत्य शैलियों की नई प्रवृत्तियों के संदर्भ में वह कहती हैं कि परंपरागत कथक को नए रूप में पेश करने के लिए परिकल्पना ही बहुत बड़ी बात है। मैं अपनी नृत्य-रचनाओं को पेश करते समय दर्शकों को बाँधकर नहीं रखना चाहती हूँ। मैं चाहती हूँ कि दर्शक नृत्य को अपने नजरिए से देखें। जब वह नृत्य की राहों से खुद गुजरेंगे तो नृत्य उन्हें कई परतों से गुजरने की जरूरत पड़ती है। दर्शक और कलाकार एक स्पेस को अपने ढंग से कल्पना कर, उसे अपने वलयों और ज्यामितियों में नृत्य में आकार देना एक अलग अनुभव देता है। मैंने नृत्य रचना सामवेद में प्रकृति के पंचतत्त्व को आधार बनाया है। इस नृत्य-रचना में शुरू में नृत्य बँधा हुआ है, फिर धीरे-धीरे नृत्य उपज अंग में खुले हुए रूप में सामने आता है। इसमें जल को दर्शाने के लिए एक-एक बूँद के बरसने को घुँघरू के एक-एक आवाज से दर्शाया है, लेकिन अंत में मैं लय को अठ गुण से सोलह गुण कर देती हूँ, जो तेज वर्षा का प्रतिरूप हो जाता है। इसी तरह नृत्य रचना 'अनचांटेड' में मैंने मीराबाई के पद पर भाव दिखाया है। इसमें आत्मा की तड़पन और अनंत से एकाकार होने के भाव को दिखाने के लिए मैं घुँघरू की आवाज को धीरे-धीरे बंद कर देती हूँ। इसके बाद, सारा पार्श्व संगीत थम जाता है और सभी लाइट बंद हो जाती हैं। यह मेरी एक परिकल्पना है। लोगों ने इसे बहुत पसंद किया है। प्रोग्राम के बाद कई लोग मेरे पास आए और बोले कि आज तो बहुत सुंदर अनुभूति से आपने भर दिया।

वास्तव में ऐसे प्रयास तभी संभव हैं, जब तक कोई कलाकार यों ही समय निकालकर थोड़ी देर के लिए रोज-रोज न बैठे, तो वह किसी नए प्रसंग या कथा को अपनी कला के प्रदर्शन के लिए सहजता से निर्धारित नहीं कर पाएगा। अगर कलाकार हर दिन सिर्फ कार्यक्रम ही निपटाता रहे। हर नए दिन, हर नए प्रोग्राम की जुगाड़ में लगा हो और अपनी परंपरागत चीजों की सिर्फ रिहर्सल ही करता चला जाए, तो कुछ नया कर पाने के लिए उसके पास समय ही नहीं होगा। प्रदर्शनकारी कला में हरदम लगे रहने से आंतरिक ऊर्जा भी दिन-ब-दिन कम होती जाती है। उसमें एक गरिमा, शास्त्रीयता, चमक और ओज लाने के लिए

कलाकार के शरीर और मन की तैयारी के साथ एक समयावधि का अवकाश भी चाहिए और सबसे अहम बात यह है कि जो साधना है, आपकी एक तपस्या अपने काम को बेहतर ढंग से समाज के आगे लाने की, वह भीतर की जागृति पर निर्भर करती है। आपकी चेतना आपके अपने कर्मों के बारे में अकसर बताती रहती है, राह दिखाती रहती है। यह भीतर की जागृति-इनर इवोल्यूशन वैजंतीमाला, अलरमेल वल्ली, मल्लिका सरूकई, विजयिनी सत्पथी, सुरूपा सेन और प्रियदर्शनी गोविंद के नृत्य में सहज ही नजर आती है। वह दर्शकों को अनमोल आनंद के क्षण दे जाता है, उसे कला-रसिक कभी शब्दों में बयान नहीं कर पाते हैं, वे परमानंद के पल होते हैं।

बीसवीं सदी के अस्सी के दशक तक यानी टीवी चैनलों के चंगुल में फँसने के पूर्व तक हमारे यहाँ के लोक-जीवन में संस्कार और संस्कृति के सरोकार जीवन में रचे-बसे थे। ऐसा महसूस होता है कि इनमें ग्रामीण महिलाओं का योगदान खास था। वह सुबह उठकर चक्की पीसने, कपड़े धोने, पानी भरने, बच्चों को सुलाने के लिए, घर में मनाए जाने वाले छोटे-छोटे त्योहारों पर लोकगीत कभी अकेले तो कभी सामूहिक स्वर में गाती थीं। न सिर्फ उत्तर भारत में, बल्कि दक्षिण भारत में भी महिलाएँ घर का काम-काज करते या अल्पना बनाते गीत-भजन गुनगुनाती थीं। यह संस्कृति का महत्त्वपूर्ण हिस्सा थी, जिसमें महिलाओं की प्रतिभा, सोच, भावना, मनोदशा की सहज अभिव्यक्ति होती थी और वे सहज और खुशनुमा जीवन जी लेती थीं।

दरअसल, कला और भाषा समय और इतिहास के वर्जनाओं को तोड़कर उसकी जगह प्रेम और करुणा का गलियारा बनाती है। फिर न केवल हिंदी, बल्कि सभी भारतीय भाषाओं की जड़ें तो देश की संस्कृति में दूर-दूर तक समाई हुई हैं। ये सब हमारी सांस्कृतिक निधि हैं, जिनमें सृजन की असीम, अनंत, अगाध क्षमता और संभावना है। भाषाई सीमाओं को लाँघते हुए हम यह अनुभव करते हैं कि अपनी भाषा से किसी अन्य भाषा और साहित्य का ज्ञान होने से हमारी दृष्टि शिव की आँखों यानी तीसरी आँखवाली हो जाती है।

ऐसी स्थिति में हमारी सोच और समझ दोनों बहुआयामी और खुलेपन को साझा करती है। यह हमारी साझेदारी को बढ़ाती है।

भारत की गंगा-जमुनी संस्कृति को धर्म या संप्रदाय विशेष के चश्मे या भाषा की संस्कृति के रूप में देखना सही नहीं है। भाषाओं की अपनी संस्कृति है। यहाँ कभी श्लोक, सूक्त, मंत्र संस्कृत में रचे गए, कभी अवधी में उनका रूपांतरण हुआ। इसके अलावा, पूर्वोत्तर में शंकर देव ने संकीर्तन और सत्रिय परंपरा की नींव रखी। मराठी भाषी संतों ने अभंगों की रचना की। सोलहवीं सदी में नरसी मेहता जैसे संतों ने गुजराती और ब्रजभाषा में काव्य रचना की। कबीर, रहीम, नानक, दादू, मीरा, सूरदास, तुलसी, गुरु गोविंद सिंह, एकनाथ, तुकाराम की रचनाएँ सांस्कृतिक चेतना के साथ भाषाई चेतना की प्रतीक हैं। वहीं महाराजा पद्मनाभ और स्वाति तिरुनाल ने मलयालम, संस्कृत के अलावा हिंदी में गीतों को लिखा। वास्तव में भाषा और संस्कृति एक-दूसरे की सहचरी और संपूरक हैं। हमारे यहाँ तो यह अनोखी बात है कि इन सब चीजों के लिए किसी तरह की योजना बनाकर काम नहीं किया गया। बल्कि यह सब रचनाकारों ने अपनी सहज प्रवृत्ति से किया। आज भी उन्हीं रचनाओं को कलाकार अपने संगीत और नृत्य में पिरोकर एक साझा कड़ी का निर्माण कर रहे हैं।

हालाँकि हमारे समाज का झुकाव वर्षों से अंग्रेजी की तरफ ज्यादा है। यह जानते हुए कि मातृभाषा और अपनी बोली बोलने में जो सुख है, वह अतुलनीय है। हमें शुक्रगुजार होना चाहिए कि अब तक कला के क्षेत्र में चाहे जो भी हो अभी भी भाषाएँ जीवित हैं। शास्त्रीय संगीत, लोक संगीत, आदिवासी संगीत, भक्ति संगीत यहाँ तक कि फिल्म संगीत भी हिंदी और प्रादेशिक भाषाओं में ही गाया-बजाया जा रहा है। यह सच है कि कला-जगत् पर बाजार का भारी दबाव है। आज के बच्चे और युवा अंग्रेजी में हिंदी की बंदिशों को लिखते और गाते हैं। पर फिर भी कहीं-न-कहीं उन्हें अपना भदेसपन भाता तो है। संगीत के बाजार के बारे में अंग्रेजों ने भी काफी शोध किया था। इस संदर्भ में स्टीवन कार्ल पॉटर ने सन् 1930 में अपनी एक रिपोर्ट में लिखा था कि कलकत्ते के बाहर हर तीन सौ मील में बोलियों के साथ भाषा-भाषा का रूप यहाँ बदल जाता है। हर जिले के अपने लोकप्रिय गायक, गायिकाएँ और कलाकार हैं, जिनके रिकार्ड उस इलाके में खूब बिकेंगे। करीब सौ साल पहले लिखी गई रिपोर्ट आज भी सच है। हमारे हर प्रांत, हर जिले, हर कस्बे में कलाकार हैं। यह अलग बात है कि राष्ट्रीय या

अंतरराष्ट्रीय स्तर पर बहुत कम लोग पहचान बना पाते हैं।

यहाँ 'ओशो' की एक बात का जिक्र करना उचित होगा, जिसमें वे कहते हैं कि हमें बँधे-बँधाए खाँचों में नहीं सोचना चाहिए।

ऐसे में हमारी सोच का प्रवाह रुक जाता है। कलाकारों को तयशुदा लेखों या ग्रंथों के मुताबिक अपनी सोच को न ढालें, क्योंकि संस्कृति तो बहती नदी की तरह है। उसकी हर धारा हर पल नई है। वह हर पल गंगा की तरह प्रवहमान है। शास्त्रीय नृत्य कला हर क्षण मरणधर्मा है। एक मुद्रा या भंगिमा कलाकार एक पल करता है, या एक स्वर लगाता है, दूसरे ही पल वह अतीत बन जाता है, वह बीत चुका होता है। यही कला की नश्वरता और शाश्वतता है। देखने की अपनी भाषा है, जो शब्दों से बनी भाषा से अलग होती है। कई बार अपने देखने को शब्दों में समझाने की मजबूरी में हम किसी प्रस्तुति के स्वरूप को रचनाओं की व्याख्या मान लेते हैं। दरअसल, कलाओं को देखने का हर किसी का अपना नजरिया, अपनी मनोस्थिति और अपनी भाषा होती है। कला की यही उनमुक्तपन उसकी जीवंतता है, जो देखने-सुननेवाले के मन में गहरे पैठ जाता है। पंडित बिरजू महाराज का नृत्य ठुमरी 'कैसे के जाऊँ श्याम रोके डगरिया', गुरु केलु-चरण महापात्र का जटायु मोक्ष, बाला सरस्वती का पुरंदरदास की रचना कृष्णानि बेगनिबारो, उमा शर्मा का कवि नीरज की रचना 'कारवाँ गुजर गया गुबार देखता रहा' में भाव की भाषा है। इसे महसूस किया जा सकता है। शायद इसे शब्दों में या भाषा में बताना या कहना या लिखना मुश्किल है।

यह सच है कि समय के साथ-साथ संस्कृति और भाषा का स्वरूप बदला रहता है। हमारे देश में सौ साल पहले जिस तरह की भाषा, उठने-बैठने का ढंग, बोलने-चालने का तरीका, रहन-सहन, पहरावा-पोशाक, परिवार के संबंध, अड़ोस-पड़ोस से जो नाते थे, आज यदि हम उसे ढूँढ़ना चाहें तो कहीं नहीं मिलेंगे। वह काफी बदल चुके हैं। वैसे तो वह कई रूपों में हमारे अंदर मौजूद है। पर हू-ब-हू नहीं है। यहाँ अफ्रीकी देशों या अन्य देशों में गए भारतीय गिरमिटिया मजदूरों का जिक्र करना उचित होगा, जो अपने साथ भोजपुरी, मगही, अवधी भाषा और रामचरितमानस, महाभारत, गीता लेकर गए थे। उन्होंने बहुत कोशिशों से भाषा और रामायण की संस्कृति को संरक्षित और सवंर्धित किया, पर आज

वह उनकी संतानों के पास मौजूद तो है, पर उसका मूल स्वरूप काफी बदल चुका है। इसलिए यदि कहा जाए कि संस्कृति की गंगा और भाषा की यमुना निरंतर जीवनधारा को सींचती हुई, अपने आप में बहुत कुछ समाती हुई और नए रूप को धारण करती रहती है, तो यह गलत नहीं होगा।

आज भूमंडलीकरण के इस दौर में जहाँ आर्थिक साम्राज्यवाद हमारी संस्कृति, भाषा और सभ्यता को निगलने के लिए हावी है। युवा और छात्र अपनी संस्कृति-भाषा की अस्मिता को बरकरार रखना तो चाहते हैं, पर कितने प्रश्न, कितने संशय और कितने स्वप्न उनके मस्तिष्क में हैं। हमारा समाज विस्मित, चमत्कृत और विचलित सबकुछ बिना सोचे-समझे अपनाए चला जा रहा है। क्या जो संस्कारों को भूलने का हमारा समाज रोज बढ़ते अपराधों, हत्या, आतंकवादी घटनाओं, बलात्कार, तलाक की बढ़ती संख्या, टूटते परिवार, अविश्वास के माहौल के रूप में कीमत चुका रहा है। वह किस संस्कृति की भाषा या भाषा की संस्कृति बन सकती है! शायद इसका जवाब हमें अपनी संस्कृति की जड़ों की ओर लौटकर ही मिलेगा। अभी देर नहीं हुई है। काश! हम अपनी सभ्यता, भाषा और संस्कृति को अपनाना न भूलें तो बेहतर होगा, आनेवाली पीढ़ी के लिए।

□

कलाओं में भारतीय दर्शन

रसो वै सः।

✍ *डॉ. गिरीश ठाकर*

'रसो वै सः।' तैत्तिरीय उपनिषद् (2-7-2) का यह आर्ष विधान भारतीय तत्त्ववेत्ताओं का ही नहीं, परंतु काव्यज्ञ, नाट्यमर्मज्ञ एवं सभी कला तत्त्ववेत्ताओं का भी अत्यंत प्रिय वाक्य है। 'सः' अर्थात् वह। 'वह रस स्वरूप है'। यहाँ सः यानी वह, वेदांतों में जिसे 'तत्त्वमसि' 'अहं ब्रह्मास्मि', 'एकं सद् विप्राः बहुधा वदन्ति' आदि अनेकों महावाक्यों में पहचानने का प्रयत्न किया गया है। वही परब्रह्म, जो शब्दातीत है, अवर्णनीय-अनिर्वचनीय है, जिसकी खोज 'नेति-नेति' के रूप में करनी पड़ती है, जो कि जगत् के तमाम गोचर पदार्थों से भिन्न होते हुए प्राकृत बुद्धि की सीमाओं से परे है। वही नित्य, शुद्ध, बुद्ध, मुक्त परमतत्त्व, चाहे उसे परब्रह्म कहो, परमेश्वर कहो, परमात्म या परमचैतन्य कहो, उपरोक्त उपनिषद्वाक्य अपने ढंग से उसी को जानने का प्रयत्न करते हुए कहता है, "वह 'रस' है।" रसमय नहीं, रसयुक्त नहीं, रसात्मक है। अतः रसानुभूति ही ब्रह्मानुभूति या आत्मानुभूति है, ऐसा अर्थ प्रतीत होना अभिप्रेत है। उपनिषदकार इसी क्रम में आगे कहते हैं—"रसं होवायं लब्ध्वा आनंदी भवति" (तै. 2-7-2) 'इसी रस की उपलब्धि आनंद की उपलब्धि है' तात्पर्य हुआ 'रस' ही आनंद है।

अतः भाष्यकार कहते हैं, "स एष आत्मा रसः। अयं जीवः आनंद रसं लब्धवा एव हि आनन्दी भवति·· "इत्यादि। अधिक स्पष्टतया विवरण करते हैं—

"आत्मा रस स्वरूप:। रसो नाम आत्मा।"रस स्वरूपस्य ब्रह्मण: प्रत्यगात्मत्वात्।"

इस प्रकार मानव जीवन की चरमोपलब्धि, रसानुभूति होना भारतीय दर्शन को अभिप्रेत है। उपरोक्त उपनिषद्वाक्य के उपरांत भी विविध प्रसंगों पर इसी तात्पर्य के अनेक विधान देखने को मिलते हैं। जैसे "आनन्देन ईमानि भूतानि जायन्ते। आनन्देन हि जातानि जीवन्ति, आनन्दे अभिसम्विशन्ति।" इत्यादि।

अब इसी दार्शनिक अवधारणा को भारतीय कलाओं की दृष्टि से देखें। प्राकृत जन के लिए वेद, उपनिषद्, दर्शनग्रंथ आदि की गति सीमित बनती गई। अतएव 'इतिहास पुराणाभ्यां वेदो उपबृंहणीय:' भी कहा गया। फिर क्रमश: कलाओं का प्रादुर्भाव होने लगा। यथा 'पंचमवेद' के स्वरूप में नाट्य-शास्त्र का। नाटक ही में वेदों के एवं देवों के भी अंश सन्निहित हैं, ऐसा भी स्पष्ट रूप से माना गया, कहा गया। साहित्य संगीत, नृत्य, शिल्प, चित्रकला, सभी कलाएँ मानवीय संवेदनाओं को अभिव्यक्त तो करती ही हैं, प्रत्युत उन्हें सामान्य जीवनक्रम से ऊपर उठाने का अद्भुत कार्य भी सहज भाव से निभाती हैं। वहाँ पर भी मानव जीवन की परम उपादेयता, परमप्रयोजन या परमपुरुषार्थ तो, त्रिविध दु:खों से मुक्त होकर परमानंद की प्राप्ति का ही रहा। (त्रिविध दु:खात्यन्त निवृत्तिरत्यन्त पुरुषार्थ:। (सांख्यसूत्र) और मोक्ष ही को परमानंद माना गया।

हम 'रस' ही को आधार बनाकर इसे कलाओं के परिप्रेक्ष्य में समझने का प्रयत्न करें। 'रस' क्या है ? कोई जागतिक पदार्थ तो है नहीं। आलंकारिकों (काव्य तत्त्व के ज्ञाताओं) ने इसे 'काव्य की आत्मा' के रूप में निरूपित किया। सुप्रसिद्ध काव्यशास्त्री श्री विश्वनाथ स्पष्ट शब्दों में कहते हैं, "वाक्यं रसात्मकं काव्यम्।" (साहित्य दर्पण) कोई भी वाक्य अगर रसात्मक है तो वह काव्य है। इस स्पष्टोक्ति के अलावा अनेक आचार्यों ने "शब्दार्थो सहितौ काव्यम्" (भामह) से लेकर—अनेक काव्य संप्रदायों के प्रवृत्त होने के बावजूद—रस के प्रमुख स्थान का स्वीकार किया है। मानो शब्द और अर्थ काव्य की देह हैं तो 'रस' काव्य की आत्मा है। दोनों का सहअस्तित्व अनिवार्य है। 'मम्मट' जैसे प्रतिभा संपन्न एवं काव्यशास्त्र के विकास में सीमाचिह्न (Milestone) रूप आचार्य भले ही काव्य का स्वरूप परिभाषित करते हुए रस का नाम नहीं

लेते, परंतु काव्य के प्रयोजनों को निरूपित करते हुए कहा, "सद्यः परनिर्वृतये" (काव्यप्रकाश) और उसी की व्याख्या के प्रसंग में विगलित वेद्यांतर आनंद को काव्य प्रयोजन बताया तथा उसे रसास्वादन समुद्भूतः विगलति वेद्यान्तरः आनन्दः (का.प्र.) बताया। भावक को विश्व की तमाम वैद्य वस्तुओं का विस्मरण कराते हुए, सभी विषयों को विगलित कराते हुए, भाव समाधिरूप आनंद की अनुभूति बतलाया और ब्रह्मानंद सहोदर आनंद ही को साहित्य का प्रधान प्रयोजन सिद्ध किया। यह 'रसास्वादन समुद्भूत आनंद', 'सुख' से परे है। सुख इंद्रियों तक सीमित है, अन्यसापेक्ष है, अल्पस्थायी भी है। कभी-कभी संभव है कि कोई 'सुख' ही दुःख का कारण बन जाए, किंतु आनंद तो सुख-दुःखादि भावों से भिन्न है। क्रोध, ईर्ष्या, पराक्रम, हास्य, रुदन आदि सभी भाव आवागमनशील हैं, जबकि आनंद केवल अनुभूतिगम्य है, शाश्वत है, निरपेक्ष है, सनातन है, अतएव अवर्ण्य है, शब्दातीत है। व्यक्ति के चारमोत्कर्ष की क्षण में ही प्राप्य है। तात्पर्य आनंद आत्मा का धर्म है। भक्त को भक्ति की पराकाष्ठा में और भावक को भावन की पराकाष्ठा में, वीर को वीरत्व की पराकाष्ठा के समय उसी तरह कलाकार को कलासाधना के चरमोत्कर्ष के क्षण (चाहे वह सर्जक हो या भोक्ता) जैसे किसी योगी को समाधि के क्षण में यह अवस्था प्राप्त होती है। दुन्यवी सभी भावों से ऊपर उठकर, 'अब कुछ भी पाना शेष नहीं', ऐसी अवस्था को प्राप्त कर ले, वही परमानंद का क्षण बन जाता है। (क्या यही अवस्था जीवन्मुक्त की अवस्था नहीं है?)

कलाओं में रस को परिभाषित करने का प्रायः प्रथम प्रयत्न आचार्य भरत ने अपने नाट्यशास्त्र के षष्ठम अध्याय में किया, जिसे हम 'भरत का रस सूत्र' के रूप में जानते हैं। (तत्र विभावानुभाव व्यभिचारी संयोगाद् रसनिष्पत्तिः।) आचार्य भरत के सभी पश्चाद्वर्ती व्याख्याकार इसी सूत्र का अर्थ-विस्तार करते रहे। इस प्रकार मूलतः नाट्य-नृत्त, और बाद में संपूर्ण वाङ्मय के संदर्भ में रस निष्पत्ति का सिद्धांत निरूपित हुआ।

अब इस रस निष्पत्ति के सिद्धांत को मात्र साहित्य ने ही नहीं, परंतु सभी भारतीय कलाओं ने भी अपनाया। प्रायः सभी कलाओं के मर्मज्ञ, रस को कला के प्राण के रूप में स्वीकार करते हैं। संगीत नृत्य, चित्र, शिल्प, स्थापत्य या

और कोई भी कला हो, सभी में अंतिम उपदेय तो 'रस' ही रहा और रस माने आनंद Art for sake of an art का सिद्धांत भारतीय कला प्रणाली में समादर नहीं पा सका। कवि अगर शब्द और अर्थ के माध्यम से सर्जन करता है तो संगीतकार सुर, ताल और लय के माध्यम से, चित्रकार रंग और रेखाओं के माध्यम से, शिल्पकार आकृतियों को गढ़ने के माध्यम से सर्जन करता है। सर्जन का माध्यम अलग-अलग है, परंतु हर एक को अगर पाना है तो 'रस' ही, आनंद ही पाना है। सारे माध्यम देहरूप हैं तो 'आनंद' उसकी आत्मा। इस आनंद की अनुभूति सर्जक को (कलाकार को) सर्जन की वेला में और तत्पश्चात् भावक को (भोक्ता को) भावन के समय में होना, इसी में कला की सार्थकता है। (अवश्य ही भावक का सहृदय होना भी एक अनिवार्य शर्त है।)

भरत ने और अन्य आचार्यों ने भी शांत को नवम रस मानते हुए श्रृंगार, हास्य, करुण, रौद्र, वीर, भयानक, अद्‌भुत, बीभत्स और शांत, इन नव रसों का वर्णन किया है।

श्रृंगारहास्यकरूणरौद्रवीर भयानकाः।
बीभत्सोद्‌भुत इत्यष्टा शान्तोपिनवमोरसः॥

प्रत्येक व्यक्ति के चित्त में कुछ भाव स्थायी होते हैं, जैसे रति, हास्य, शोक, क्रोध, उत्साह, घृणा, भय, आश्चर्य, निर्वेद आदि। ये भाव मन में स्थायी अवश्य हैं परंतु सर्वदा प्रगट नहीं। यदा-कदा परिस्थिति अनुसार प्रगट हो जाते हैं। रतिभाव स्थायी है, परंतु प्रतिक्षण व्यवहार में (या मन में भी) रतिभाव-प्रणयभाव-जाग्रत् नहीं रहता। यही स्थायी भाव कला के माध्यम से उद्‌दीप्त होता है। कलाकार उसी स्थायी भाव को स्थूल भूमिका से ऊपर उठाकर इंद्रीय एवं मन के अनुभवों से ऊँचे ले जाता है। भावक का चित्त उन्हीं भावनाओं से तादात्म्य का अनुभव करता है। उसी में डूब जाता है और एक अनन्य आनंद का उसे अनुभव होने लगता है। यही है रसानुभूति। 'शाकुंतल' नाटक में दुष्यंत शकुंतला ने अन्योन्य को देखा, विविध भावों की अनुभूति की प्रक्रिया आरंभ हो गई। प्रेक्षक या भावक उन्हीं भावों के साथ तादात्म्य का अनुभव करता रहा। यह तादात्म्य मन की सीमा तक सीमित नहीं रहता। प्रत्युत उसे इस जागतिक अवस्थिति से अलग कर देता है। उसे विगलित वेद्यांतर अवस्था में गति कराता

है। परिणामस्वरूप उसके चित्त में एक अवर्णनीय आनंद की अनुभति होती है। एक रस का आविर्भाव हो जाता है और प्रेक्षक सभी दुन्यवी भावों से परे आनंद के भाव में लीन हो जाता है। यही विशेषता है कि दु:ख भी आनंद की स्थिति को प्राप्त कराता है। इस प्रकार सभी स्थायी भाव वीर-रौद्र, भयानक यहाँ तक कि घृणा (बीभत्स) भी रस में परिणत हो जाते हैं।

आश्रम के छात्र बंधुओं के साथ दुष्यंत के पास गई, शकुंतला को पहचानने से इनकार करने पर उसे वहीं छोड़कर जाने का निश्चय करने वाले बंधुओं को जब शकुंतला आर्त स्वर में कहती है, "यूयमपि मां परित्यज्यथ।" तुम भी मेरा परित्याग करने पर तुले हो?—अत्यंत दर्दनाक वाक्य है। तीर की तरह भावक के हृदय को चीरता है, परंतु मुँह से आह! के बाद वाह! ही निकलता है। अत्यंत करुण नाटक या सिनेमा भी देखने के बाद प्रेक्षक बोल उठता है, "यहाँ सौंदर्य कहाँ है? क्या किसी के दु:ख को देखकर वह प्रसन्न है? क्या वह इतनी आसुरी वृत्ति का शिकार है कि अनय की पीड़ा उसे प्रसन्नता दे? नहीं, पात्र के दु:ख से वह अवश्य ही दु:खी है। आँखो से अश्रु भी बहते हैं, परंतु कलाकार ने उसके चित्त को झकझोरकर उसे उस भूमिका पर पहुँचा दिया है कि चित्त में तो 'रस' या 'अत्यंत सुंदर' कहने में औचित्य है।

यह बात केवल नाट्यकला के साथ ही मर्यादित नहीं है। सभी कलाओं ने किसी न किसी स्वरूप में नाट्य-शास्त्र की इस रस निष्पत्ति को अपनाया है। पिंड ब्रह्मांड का भेद पाने के लिए, संसार का त्याग करके अनेक शारीरिक कष्टों को स्वीकार करके गुफावासी बने बौद्ध साधुओं ने 'अजंता' जैसी गुफाओं में चित्रकला की जो साधना की वह अनन्य है। कला साधना और कैवल्य साधना साथ-साथ चले, लौकिक सुखों से विमुख साधुओं ने आनंद की अनुभूति सिद्ध कर ली। 'बुद्धत्व' प्राप्त करने के उपरांत प्रासादस्था यशोधरा से भिक्षा याचना करने पधारे बुद्ध का चित्र अजंता में है। इस चित्र को देखकर किसी का भी हृदय दु:खार्त हो जाएगा। चित्र का सर्जन करते समय उस साधु चित्रकार ने भी सजल नेत्रों के साथ चित्र बनाया होगा, किंतु उस समय भी इस लौकिक दु:ख के उपरांत आनंद का ही अनुभव किया होगा। अन्यथा उसका निजी उपादेय तो कैवल्य था। इस पूरी सर्जन प्रक्रिया में उसने उसी कैवल्य की अनुभूति की

होगी। परिणामस्वरूप इन चित्रों को देखकर आज शताब्दियों के बाद भी सहृदय द्रष्टा विभोर हो जाता है। इस प्रकार सर्जक और भावक दोनों को परमानंद की अनुभूति ही उस कला के सर्जन में प्रयोजन रूप बनी। आज चित्रकला के शिक्षक चित्र में से प्रच्छन्न अर्थ के, साहित्य की भाषा में कहें तो 'ध्वनयर्थ' के बोध पर भार देते हैं। विविध रंगों के स्वभाव और उनकी भाव प्रकटीकरण क्षमता पर जोर दिया जाता है। जैसे श्वेतवर्ण 'शांत' का, लालरंग शृंगार और रौद्र का, केसरी रंग त्याग-पराक्रम-बलिदान का इत्यादि।

संगीतकला, नृत्यकला तो प्राय: सीधे ही नाट्य-शास्त्र का अनुसरण करते हैं। संगीतज्ञ श्री तुलसीराम देवांगन कहते हैं—"रस का महत्त्व साहित्य शास्त्र व संगीत शास्त्र में समान है। सरस गायन जनमन रंजक व आत्मा को आनंदित करने वाला होता है। संगीत में रस की कितनी महत्ता है, इसे इतने पर ही जाना जा सकता है कि संगीत शास्त्रों में नीरस गायन त्याज्य व सरस गायन ग्राह्य माना गया है।" स्वर, ताल और लय की संवादिता के आधार पर राग का सर्जन करके (योडयं ध्वनि विशेषस्तु स्वर वर्ण विभूषित:...'राग' : कथितो बुधै:) संगीतकार वातावरण को स्तंभित कर देने की क्षमता रखता है। संगीत साधना से प्राप्त अद्‌भुत शक्तियाँ जैसे मल्हार के गान से पानी बरसना, दीपक गान से दीप जल जाना, तीव्र ताप पैदा होना और ऐसी अनेक शक्तियों के बारे में हमने सुना है, परंतु योगशास्त्र में यथा अणिमा-लधिमा आदि सिद्धियाँ अंतिम उपादेय नहीं मानी गईं, वैसे ही संगीत कला का भी परम प्रयोजन इन शक्तियों के आविर्भाव में नहीं, अपितु रस के आविर्भाव में माना गया है। यही नहीं संगीत शास्त्र में विविध रागों को विविध रस के पोषक के रूप में स्वीकारा गया है, जैसे केदार, कामोद, छायानट व शृंगार के राग हैं या जिन रागों का चलन मध्य व तार सप्तक में है, वे वीर रसोत्पादक और मध्य मंद्र सप्तक के चलने वाले राग शांत रसोत्पादक है। (यह पूरी विचारणा अत्यंत गहन और गंभीर है, जिसका विशद विवेचन यहाँ अनपेक्षित है)। यहाँ केवल इतना ही कहना पर्याप्त है कि इन रागों के माध्यम से संगीत द्वारा भी रसनिष्पत्ति ही अभिप्रेत है।

नृत्य कला के विषय में सुश्री छाया भटनागर लिखती हैं—"नृत्य एक भावना प्रधान कला है, जिसमें रसों की अभिव्यक्ति का एक अपूर्व व विशिष्ट

स्थान है, अर्थात् भावमूलक अवस्थानुकृति ही नृत्य है। रसहीन नृत्य मृत शरीर के समान जड़ व नीरस रह जाएगा।"

यही बात शिल्पकला एवं अन्यान्य भारतीय कलाओं के बारे में निर्विवाद रूप से कही जा सकती है।

अंतत: यही समझना हमारे लिए पर्याप्त है कि भारतीय चेतना ने अपने जीवन का अर्थ खोजने का, उसे प्राप्त करने के लिए मार्ग ढूँढ़ने का और अनुकूल मार्ग पर गतिशील बनने का जो उपक्रम में सभी कलाएँ रस निष्पत्ति के माध्यम से जीवन को चरितार्थ करने का मार्ग प्रशस्त करती हैं। यही कारण है कि मानवीय संवेदना को स्पर्श करके, बुद्धि या तर्क से नहीं, परंतु हृदय के मार्ग से होकर, रस से आप्लावित बनते हुए, अंततोगत्वा उसी स्थान को प्राप्त करना है, "यद्गत्वा न निवर्तन्ते।" "यन्मोक्षात् कृतमन्यदत्र हि मया तत् काव्यधर्मात् कृतम्", एक महाकवि का यह विधान सभी कलाओं पर लागू होता है। आरंभ में उद्धृत उपनिषद् वाक्य का पुन: स्मरण करके यही कहना ठीक होगा, 'रसनिष्पत्ति' ही कलाओं का मूलभूत एवं प्रधान प्रयोजन है और रस की अवधारणा भारतीय दर्शन की दार्शनिक विचारणा से संपूर्णत: अनुरूप है। रस ही आनंद है, आनंद से अभिन्न आत्मा है, वही उपादेय है, ज्ञेय है, अनुभूतिगम्य है।

□

भारतीय तंत्राधारित चित्राभिव्यक्तियाँ एक परिचय

✍ *डॉ. भारत भूषण*

प्राचीन काल में निर्मित यंत्रों के संग्रह और उनके माध्यम से जिस विशेष कला परंपरा का ज्ञान होता है, उसे आधुनिक विद्वानों ने तांत्रिक कला का नाम दिया है।

लोक में प्रचलित तंत्र के रूपाकारों के आधार पर मनुष्य ने कभी कठोर नियम एवं परंपरा के अनुपालन में चित्राभिव्यक्त किया है और कालांतर में कभी-कभी तंत्र के सटीक रूपाकारों की जकड़न से बहुत हद तक मुक्त होकर भी चित्रण किया है। तांत्रिक कला की यह धारा यहीं पर नहीं रुकी, बल्कि स्वतंत्र संयोजन-रचना की कलाकार मन की सहज चाहत से चित्रकारों ने तंत्रआकारों में स्वच्छंद रूप से परिवर्तन करते हुए प्राय: नवीन कलाभिव्यक्त की है।

तंत्र शब्द संस्कृत के 'तत्रि' से बना है, जिसका अर्थ है धारणा अर्थात् ज्ञान (तत्तीतिधातोरिह धारणार्थत्)। पाणिनि कृत 'लघु सिद्धांतकौमुदी' (व्याकरण) के अनुसार विस्तारार्थक तन् से ष्ट्रन् प्रत्यय जुड़कर 'तंत्र' शब्द निष्पन्न होता है, अर्थात् 'तन्यते विस्तार्यते ज्ञानमनेन इति तन्त्रम्'। ज्ञान का विस्तार होने के कारण ही इसे तंत्र कहा जाता है।

तंत्र के आधार पर उपासना प्राचीनकाल से ही विविध रूपों में अनेक स्थानों पर की जाती रही है। आदिवासियों के मध्य तांत्रिक आचार का प्राचीनतम रूप उपलब्ध होता है। कतिपय तांत्रिक अनुष्ठानों की सूचना प्रागैतिहासिक युग में भी

भारत में मिलती है। कतिपय लिंग मूर्तियाँ उपलब्ध होती हैं।

ऐसे अनुष्ठानों से तत्कालीन मानव बहुत प्रभावित होता था। मनुष्य का सहज स्वभाव है कि कुछ उसके चतुर्दिक् घट रहा है, उस अनुभूति को अभिव्यक्त कर किन्हीं अर्थों में संप्रेषणीय बनाना और गूढ़-अमूर्त भावों का मूर्तन करना। मनुष्य के ऐसे अनुभूतिजन्य भाव अथवा विवशता ने ही उसको कुछ 'अरचित' को रचने को बुद्धि-विचार भी दिया। मनुष्य के ऐसे विचारों ने ही तंत्र के समंत्र मूर्तन को आधार प्रदान किया और इस प्रकार तांत्रिक क्रिया का समाज के कतिपय क्षेत्रों अथवा वर्गों में प्रचलन हुआ।

तांत्रिक क्रिया और तांत्रिक कला को लेकर संपूर्ण विश्व में बहुत सारी भ्रांतियाँ फैली हैं। अधिकांश लोग इसे रहस्यमय, भयानक और आडंबरयुक्त पूजा-पद्धति से जोड़कर देखते हैं, परंतु वास्तव में यह पद्धति प्रचलित जनधारणाओं के विपरीत, अत्यंत कठोर नियमबद्ध रूप में, भोग से योग तक जाने की एक प्रक्रिया है। इसमें भोग की क्रिया भी, घोर निर्लिप्त भाव से करने की कठिनतम प्रक्रिया के अंतर्गत आती है। विभिन्न प्राचीन मंदिरों में तंत्र से संबंधित जो चित्र एवं मूर्तियाँ प्राप्त होती हैं, उनमें से अधिकांश को देखने पर यही प्रतीत होता है।

तंत्र विद्या का प्रथम महत्त्वपूर्ण अंग मंत्र है, जो साधक के लिए माया से मुक्ति का सबसे शक्तिशाली माध्यम है। व्यापक अर्थ में मंत्र के अंतर्गत समस्त शाब्दिक ज्ञान आता है। विशेष तांत्रिक अर्थ में मंत्र व्यक्त और अव्यक्त सभी प्रकार की ध्वनियों का द्योतक समझा जाता है। मंत्र द्वारा ही साधक अपने व्यक्तिगत अस्तित्व (स्थूल सत्ता) को विराट सत्ता (अनंत ईश्वर) में मिलाता है।

तांत्रिक विचारधारा और उसकी कला की निजी विशेषता बीज मंत्र, बीजाक्षर, बीजांक और बीज संख्या आदि का प्रयोग है। 'अ' से लेकर 'ज्ञ' तक के सभी वर्ण आकारात्मक स्वरूपों के समान तांत्रिक यंत्र और कलाकृतियों के निर्माण में महत्त्वपूर्ण स्थान रखते हैं।

'अ' सृष्टि का पहला बीजमंत्र और पहला वर्ण (स्वर) है। वर्ण दो भागों में विभाजित किए गए हैं—(1) स्वर, जो बीज रूप है और (2) व्यंजन, जो योनि रूप है। स्वरों के बिना कोई भी यौगिक ध्वनि बनना संभव नहीं है और वे ही व्यंजनो के मेल से और विविध संयोजनों से यंत्रों का रूप बनाते हैं। इसीलिए

तंत्र शास्त्र में स्वर शिव रूप और व्यंजन शक्ति रूप कहे गए हैं।

तंत्र हेतु होनेवाली यंत्र रचना में प्रमुख रूप से बिंदु, त्रिकोण, वर्ग या चतुष्कोण, वृत्त, बीजाक्षर, बीज संख्या के अतिरिक्त देव प्रतिमा, मानवीय अवयव, जीव (पशु) आदि का आध्यात्मिक प्रयोग होता है। मानवीय अवयव से ही बना शिवलिंग अध्यात्म-दर्शन के भावबोध से संपृक्त है। प्रपंचलीला का सबसे सरल प्रतीक 'शिवलिंग' है और सबसे जटिल तथा गहन प्रतीक 'श्रीचक्र' है।

तांत्रिक विद्या में मंत्र साधना का महत्त्व निर्विवाद है। महेश्वर तंत्र के अनुसार, कलियुग में मंत्रों के प्रयोग में प्रणव स्थान पर 'ही' बीज देकर आरंभ करने का विधान बताया गया है। तांत्रिक दृष्टि में यंत्रों और बीज मंत्रों का अंकन अत्यंत लोकप्रिय एवं महत्त्वपूर्ण है। यद्यपि सर्वोपरि बीजमंत्र 'ॐ' है तथापि 'ही', 'क्लीं' 'श्री', 'ऐं', 'व', 'धूँ', 'य', 'ल' आदि अनेक बीज मंत्र भी अत्यंत प्रचलित हैं। श्रीनेत्र तंत्र के अनुसार प्रणव अर्थात् ओंकार सभी प्राणियों का प्राण है।

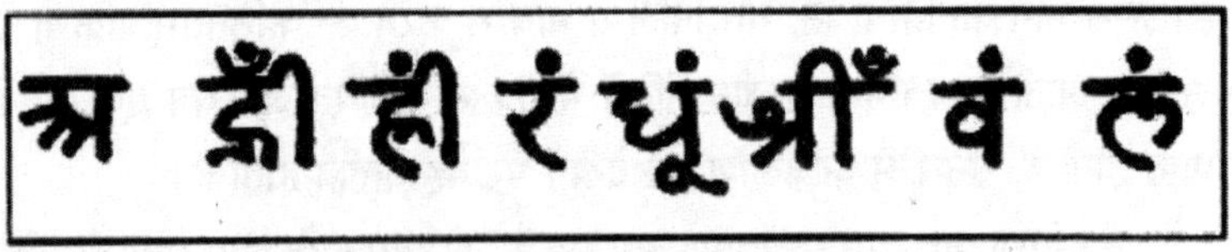

त्र ह्रौं ह्रीं रं धूं श्रीँ वं लं

चित्र-1 बीजाक्षर

वस्तुतः प्रणव वैदिक बीज मंत्र है, जिसे तांत्रिकों ने आत्मसात् कर लिया। ज्ञान संकलिनी तंत्र में 'अ', 'ऊ' और 'म' मिलकर 'ॐ' का प्रणव होता है। अकार सात्त्विक, ऊकार राजस् और रेखात्मक तंत्र प्रतीकों में बिंदु का स्थान सबसे पहला और प्रमुख है। यही साकार बिंदु-सृष्टि का बीज या नाद तत्त्व का प्रतीक है, रस रूप में उसे सृष्टि का आरंभ माना गया। आकारहीन सर्वोच्च सत्ता या ब्रह्म को बताने के लिए उसके आदि रूप बिंदु को स्वीकार किया गया है। तांत्रिक दृष्टि से सृष्टि की प्रक्रिया का पहला रूप बिंदु के प्रतीक से व्यक्त किया जाता है। सृष्टि की प्रथम अभिव्यक्ति के द्योतक बिंदु को परा बिंदु कहा गया है, जो समस्त शक्ति के घनीभूत संघात का केंद्र या नाभि है और सर्वोच्च नाद तत्त्व का बीज भी है। उसी में शिव और शक्ति रूपी निष्क्रिय और सक्रिय दो मूलभूत तत्त्व एक ही संयुक्त बिंदु के रूप में विद्यमान हैं। उसमें सभी सृष्टिपरक

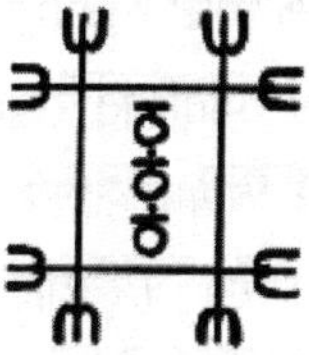

चित्र-2 (क 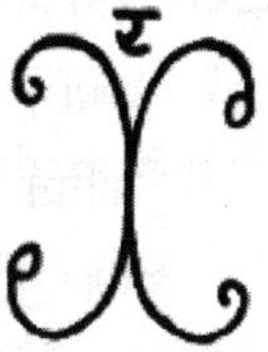)   चित्र-2 (ख 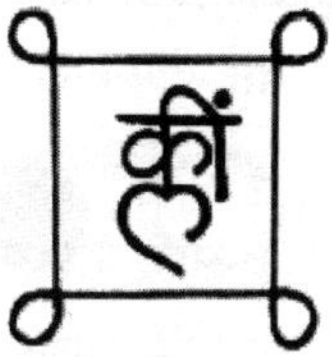)   चित्र-2 (ग)

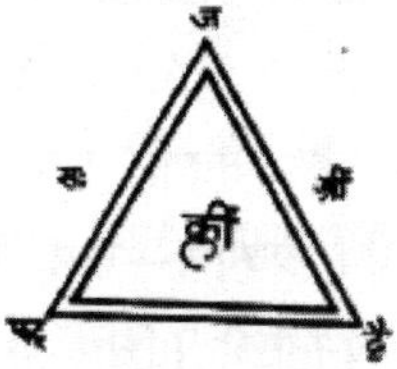

चित्र-2 (घ 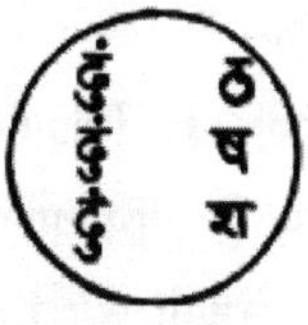)   चित्र-2 (च 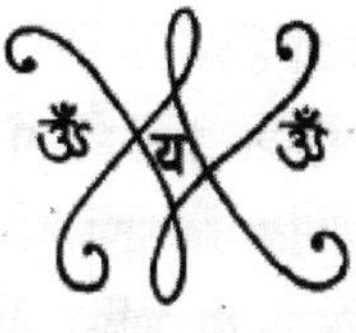)   चित्र-2 (छ)

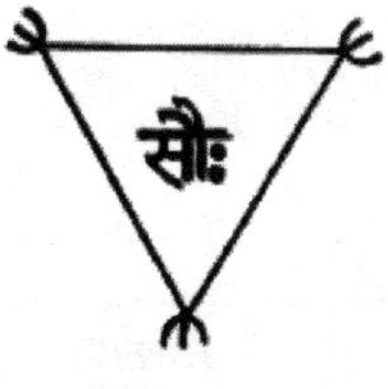

चित्र-2 (ज 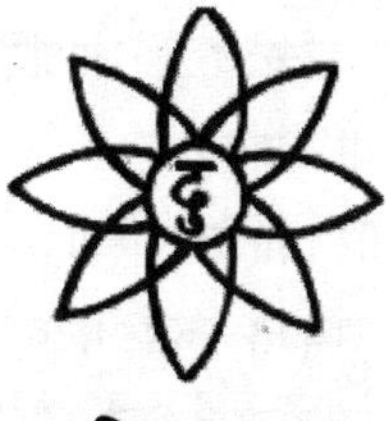)   चित्र-2 (झ)

संभावनाएँ निहित मानी गई हैं।

तांत्रिक व्याख्या में शिवलिंग का लिंग स्थान बिंदु को ही माना गया है। विष्णु की नाभि का प्रतीक भी बिंदु ही है, जिससे सृष्टि के पद्म का विकास हुआ। बिंदु गतिहीन केंद्र का प्रतीक भी समझा जाता है, जो अपनी गतिशक्ति के रूप में वृत्त बनकर विकसित होता है। (चित्र-3क) तांत्रिक कला में शिवतत्त्व या पुरुषतत्त्व श्वेत बिंदु और शक्ति तत्त्व लाल या रक्तवर्ण बिंदु के प्रतीक अथवा पर्याय माने गए हैं (चित्र-

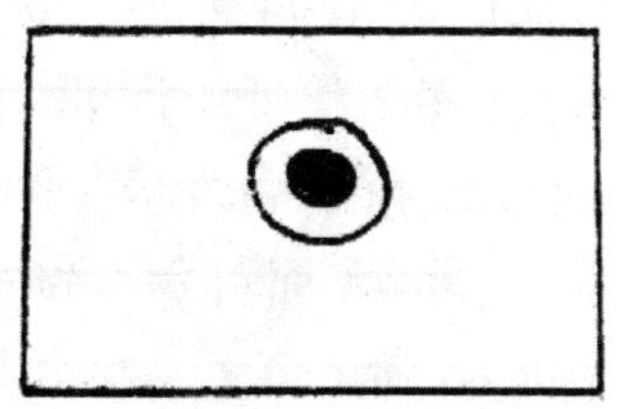

चित्र-3क (राजस्थान)

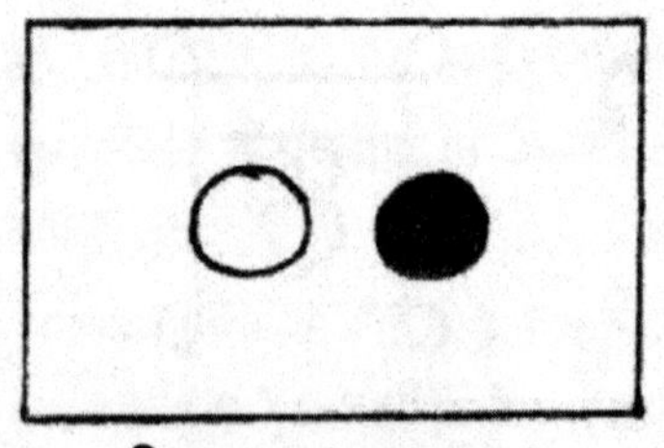

चित्र-3ख (राजस्थान)

3ख)। बिंदु के क्रमिक विकास का नाम रेखा है। बिंदु के अतिरिक्त रेखा का भी तांत्रिक कला में विशेष महत्त्व है। रेखा को सृष्टि का प्रारंभ करनेवाली शक्ति का द्योतक माना जाता है। मातृका यंत्र (राजस्थान) में मातृ शक्ति का अंकन पीत (पीली या पीला) रेखा द्वारा किया प्राप्त हुआ है।

तांत्रिक प्रतीकों में त्रिकोण का विशिष्ट स्थान है। चेतना तत्त्व की क्रियाशीलता त्रिकोण के माध्यम से अभिव्यक्त होती है। त्रिकोण—नाम, रूप और क्रिया या शक्ति के तीन बिंदुओं को मिलाकर बनता है (चित्र-3ग)। तांत्रिक दृष्टि में जितनी भी सृष्टिपरक त्रयी है, उसका द्योतक है त्रिकोण; जैसे—त्रिगुण, त्रिदेव, त्रिशक्ति, त्रिलोक, वेदत्रयी आदि।

पुरुष और शक्ति (स्त्री) के त्रिकोणों का संयुक्त रूप षट्कोण के रूप में प्रकट होता है, जो सृष्टि-क्रम की दृष्टि से शक्ति के राजसिक स्वरूप का प्रतीक माना गया है। (चित्र-3घ) तंत्र कला की एक विशेषता यह भी है कि उसमें वर्ण या रंग का प्रतीकवाद है। विभिन्न तत्त्व और सैद्धांतिक भावों

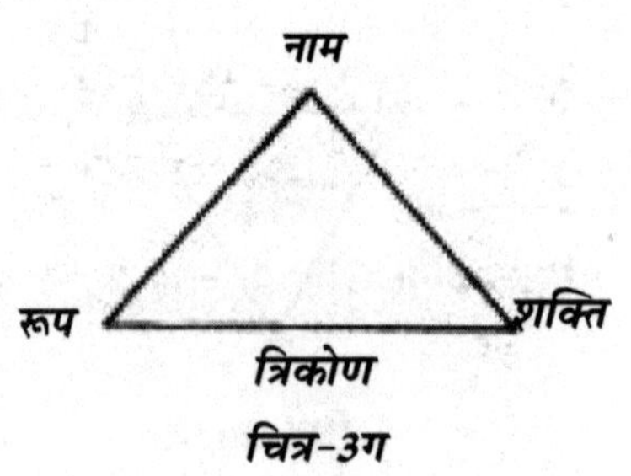

चित्र-3ग

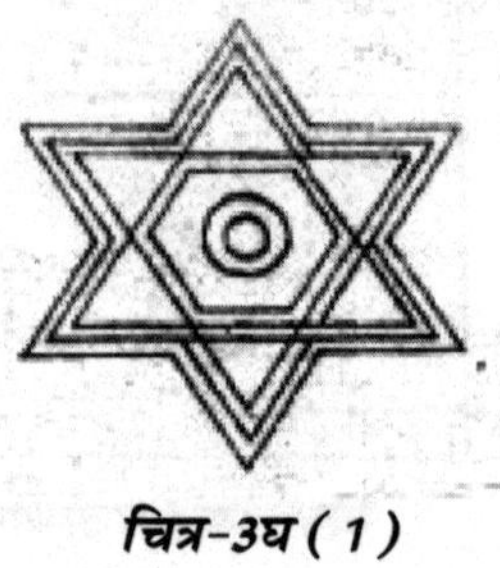

चित्र-3घ (1)

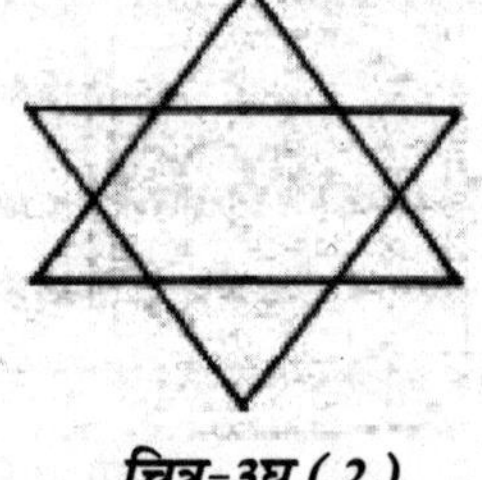

चित्र-3घ (2)

को प्रकट करने के लिए तंत्र कला विशेष रंगों के प्रतीक को उपयोग करती है। तांत्रिक मान्यता के अनुसार प्रधान वर्ण शुक्ल, रक्त और नील है। कोई भी आकार विशेष वर्ण के अनुसार अलग-अलग भावों का प्रतीक और द्योतक बन जाता है। इन्हीं मूल वर्णों के मिश्रण से अन्य रंगों के प्रतीक का विस्तार तांत्रिक कला में दिखाई देता है। पंच महाभूत या पंचतत्त्व इसी प्रकार अपना अलग-अलग सुनिश्चित वर्ण रखते हैं। पृथ्वी तत्त्व का वर्ण पीला, जल तत्त्व का वर्ण कर्पूर की भाँति धवल, अग्नि तत्त्व का रक्त वर्ण, वायु तत्त्व का नीला और आकाश तत्त्व का वर्ण काला है। उदाहरणार्थ एक ही बिंदु क्रमशः श्वेत और

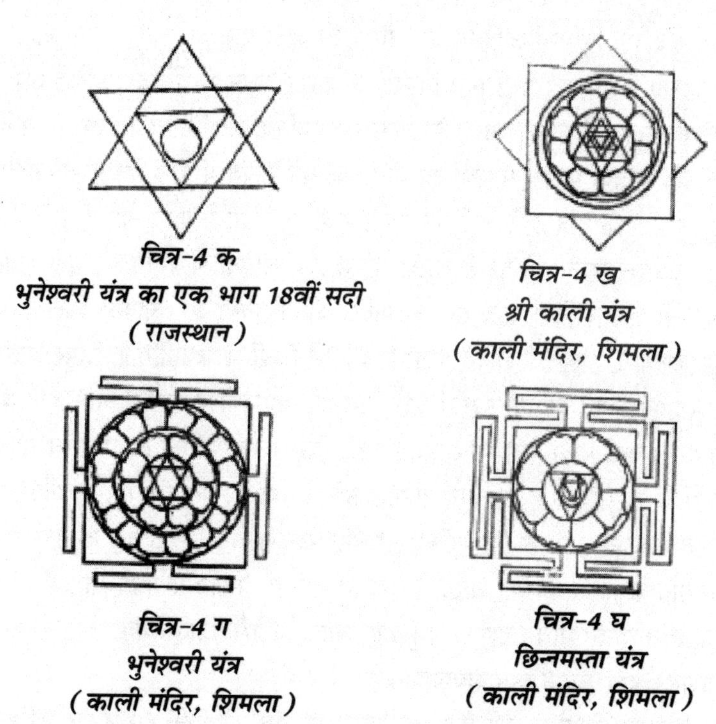

चित्र-4 क
भुनेश्वरी यंत्र का एक भाग 18वीं सदी
(राजस्थान)

चित्र-4 ख
श्री काली यंत्र
(काली मंदिर, शिमला)

चित्र-4 ग
भुनेश्वरी यंत्र
(काली मंदिर, शिमला)

चित्र-4 घ
छिन्नमस्ता यंत्र
(काली मंदिर, शिमला)

रक्त वर्णों में अंकित होने पर शिव-शक्ति का द्योतक और प्रतीक माना जाता है। वस्तुतः तांत्रिक विचारधारा की मूल प्रवृत्ति विभिन्न तत्त्वों और अनुभवों के संबंध में, निजी वर्णपरक प्रतीक है, जिसके अनुसार तांत्रिक कला की वर्णनात्मक

अभिव्यक्ति सुनिश्चित होती है। इस प्रकार का स्वतंत्र वर्ण विधान तांत्रिक कला की अपनी विशेषता है।

पंडित देवदत्त शास्त्री के अनुसार शरीर के भिन्न-भिन्न स्थान शक्ति के केंद्र हैं। अभीष्ट सिद्धि के लिए अधिष्ठात्री देवी या देव की शक्ति पर ध्यान केंद्रित करने में यंत्र सहायक होता है।

तांत्रिक परंपरा में यंत्र निर्माण की विधि भी निर्धारित है, जिसके अनुसार रेखा, बिंदु, बीजाक्षर, बीज मंत्र, वर्ण, आकार आदि के द्वारा यंत्रों का स्वरूप बनता है। उद्देश्य के अनुसार यंत्रों का रचना विधान अलग-अलग प्रकार का होता है। उसके निर्माण के माध्यम, जैसे स्याही, लेखनी, कागज अथवा धातु पत्र आदि भी, विभिन्न उद्देश्य के लिए बनने वाले यंत्रों के लिए अलग-अलग बताए गए हैं। ये यंत्र परंपरागत नियमों के कठोर बंधन में बँधे हुए होते हैं। यह तांत्रिक कला की पहली शाखा है, जिसमें आकृतियाँ ज्यामितीय आधार पर बनी होती हैं। तांत्रिक परंपरा में मंत्रों का योग यंत्रों की शक्ति में वृद्धि हेतु प्रयुक्त होता है। इन यंत्रों के अंकन में कहीं भी उससे संबंधित व्याख्या प्राप्त नहीं होती है।

तांत्रिक कला की दूसरी शाखा वह है, जो तांत्रिक भावभूमि पर बनी होती है। ऐसी कलाकृतियाँ कई प्राचीन मंदिरों की भित्तियों पर अंकित मिलती हैं (उदाहरणार्थ, चंडीदेवी मंदिर, चंडीगढ़)। ऐसे चित्रों में महायोगिनी, त्रिपुर सुंदरी या महाकाली को योगिनी रूप में और शिव को महायोगी के रूप में अंकित किया जाता है। कई मंदिर ऐसे भी प्राप्त हुए हैं, जिसमें महायोगिनी के प्रसारित योनि के भीतर से झाँकता हुआ संपूर्ण ब्रह्मांड उकेरा गया है। यह संभवतः महायोगिनी के जगज्जननी रूप की महाशक्ति अथवा महाऊर्जावान स्थिति को दरशाता है। यह तांत्रिक कला की वह शाखा है, जिसमें यंत्रों का स्थान गौण हो जाता है और यंत्रों द्वारा व्यक्त भाव (दर्शन) प्रमुख हो जाता है। ऐसे तंत्राभिव्यक्ति के गूढ़ भाव (दर्शन) प्रायः बहुत कम समझ पाते हैं।

समाज में दृश्यकला में समय-समय पर हुए परिवर्तनों का प्रभाव तांत्रिक चित्राभिव्यक्ति और उनके रूपाकारों पर भी पड़ा।

तांत्रिक कला की नवीनतम धारा है नवतांत्रिक कला। इस धारा में न तो शुद्ध तांत्रिक यंत्रों का प्रयोग होता है और न ही त्रिपुर सुंदरी और महायोगी

की दार्शनिक व्याख्या ही परंपरागत रूप में रूपायित होती है। नवतांत्रिक कला धारा इन दोनों से पृथक् एक ऐसी कलाधारा है, जिसमें कलाकार अपनी आध्यात्मिक दृष्टि और अनुभूति के आधार पर विभिन्न आकारों और रंगों को संयोजित करता है।

नवतांत्रिक कला का विभाजन दो भागों में किया जा सकता है। पहले में वे कलाकृतियाँ आती हैं, जो अपने ज्यामितीय आकारों एवं रंगों के कारण यंत्र होने का भ्रम उत्पन्न करती है, परंतु उनमें कोई ऐसा दर्शन नहीं होता, जिसका सीधा संबंध अध्यात्म, यंत्र, तंत्र या मंत्र से हो। ऐसे चित्र पूर्ण रूप से रंगाकारों पर आधारित शुद्ध चित्रात्मक संयोजन होते है, जबकि दूसरे प्रकार के नवतांत्रिक चित्र इन विशुद्ध संयोजनों से अलग होते हैं। इस दूसरे प्रकार के चित्रों में कलाकार की भोग, योग और तंत्र के प्रति व्यक्तिगत अभिरुचि, ज्ञान और दार्शनिक भावभूमि प्रभावकारी होती है अपनी व्यक्तिगत अभिरुचि, ज्ञान एवं दर्शन की त्रयी से विभोर चित्रकार जिस चित्र को बनाता है, उसके पीछे बृहत भावभूमि होती है। ऐसे चित्रों में कभी-कभी यंत्र जैसे आकारों को भावानुरूप और स्वयं के मनोनुकूल रूप में संयोजित करके चित्रकार अभिव्यक्त करता है। इन चित्रों में प्राचीन तांत्रिक पूजा पद्धति के अनुसार यंत्रों का अंकन नहीं होता है, वरन् ये पूर्णरूपेण एक नई भावभूमि पर रची गई चित्रगत कला भाषा मात्र हैं।

□

भारतीय कला दर्शन और चाक्षुषकला

✍ *श्याम शर्मा*

भारतीय दर्शन में देखना महत्त्वपूर्ण सिद्धांत है। 'दृश्यते इति दर्शनम्' की धारणा के कारण ही भारत में चाक्षुषकला का विकास सबसे अलग ढंग से हुआ। हम एक जैसा बोल सकते हैं, पर एक जैसा देख नहीं सकते। एक ही आकृति को हम अपने अनुभव, संवेदनशीलता और सौंदर्यबोध के कारण अलग-अलग अंदाज में देखकर प्रभावित होते हैं। आँख तो मात्र देखने का उपकरण है, पर चाक्षुषकला देखने के लिए हम नजर का प्रयोग करते हैं। नजर जितनी अनुभवी होगी, उतना ही आनंद हम कलाकृतियों से ले सकते हैं। भारतीय धारणा के अनुसार—'जाकी रही भावना जैसी, प्रभु मूरत देखी तिन तैसी।'

चाक्षुषकला स्वतंत्र, संपूर्ण अभिव्यक्ति की भाषा हैं। भारतीय चाक्षुषकला 'सत्यं-शिवं-सुंदरम्' की धारणा पर आधारित है। भारतीय कला रचना हमेशा से मौलिक नए चिंतन के साथ विकसित हुई। भारतीय कलाकारों ने कला की मर्यादाओं में रहकर मर्यादाओं का अतिक्रमण किया, जिससे नए सौंदर्यबोध का विकास हुआ।

जिस देश के लोग जितना नए ढंग से देखना जानते हैं, उतने ही नए अंदाज में चिंतन भी कर सकते हैं, जिससे मानव-संस्कृति, सभ्यता का विकास होता है। भारतीय ऋषि-परंपरा में मौलिक चिंतन का विशेष महत्त्व था, जिसका प्रभाव तत्कालीन चाक्षुषकला पर भी पड़ा।

इतिहास साक्षी है, जिन प्रांतों में, देशों में ललित कलाओं का समुचित विकास नहीं हुआ, वहाँ के लोग अनुशासनहीन, अत्याचारी, बर्बर और

आतंकवादी बन गए। भारतवर्ष में सभी ललित कलाओं का समुचित विकास हुआ। यहाँ कलाओं का विकास मानव सभ्यता के साथ-साथ हुआ। समय-समय पर यहाँ चाक्षुषकला में नई प्रवृत्तियाँ विकसित हुईं और समय, परिस्थितियों के कारण यहीं समाहित भी हो गईं, जो आज भारतीय चाक्षुषकला इतिहास के स्वर्णिम अध्याय हैं। इन कला-शैलियों ने मिलकर भारतीय कला-परंपरा को और प्रवाहमय बनाया, जो आज पूरे विश्व में गौरवशाली हैं।

भारतवर्ष की भूमि पर ही आदिमानव ने भोपाल के पास 'भीम बैटका' के शैलाश्रयों में रेखांकन शुरू किया। जब भाषा भी नहीं थी, तब प्रतीकों को बनाकर आदिमानव अभिव्यक्त करता था। यही आकृतियाँ कालांतर में चित्रलिपि के रूप में विकसित हुईं। भारत में सभ्यता, संस्कृति और धर्म के साथ चाक्षुष कलाओं के रूप बदलते गए। ईसा पूर्व संस्कृत साहित्य के व्याकरणाचार्य पाणिनि ने शिल्प शब्द गढ़ा, जो सभी ललित कलाओं का प्रतिनिधित्व करता था। कालांतर में कला शब्द आया, जो चौंसठ कलाओं का प्रतिनिधित्व करता था। इन चौंसठ कलाओं में मात्र पाँच ललित कलाएँ कहलाने लगीं, जो कला का पंचांग है। चाक्षुषकलाओं में चित्र, मूर्ति, छापाकला और व्यावाहरिक कला आदि विधाएँ प्रधान हैं। कला में समय के साथ अनेक माध्यम विकसित हुए। शिल्प में कौशल की प्रधानता होती है। आकृतियों की पुनरावृत्ति भी हो सकती है। कालांतर में शिल्प के दो रूप बने—चारू शिल्प (सजावटी शिल्प) और कारू शिल्प (उपयोगी शिल्प)। भारतीय चाक्षुष कला में शिल्प परंपरा का विकास भी जीवन के साथ हुआ।

स्वतंत्रता आंदोलन के क्रम में विदेशी वस्तुओं का बहिष्कार प्रारंभ हुआ। विदेशी वस्त्र और वस्तुएँ जलाई गईं। स्वदेशी अपनाने की प्रक्रिया प्रारंभ हुई। भारतीय चाक्षुषकला में स्वदेशी चिंतन पुनः प्रारंभ हुआ। श्रीलंका के मूल निवासी भारतीय कला के अध्येता विद्वान् कुमारस्वामी ने 'भारतीय कला दृष्टि' का चिंतन किया। बंगाल के अनेक कला-मर्मज्ञों ने पाया कि भारतीय कला की आत्मा लोककलाओं में निहित है। यही भारतीय कला के उद्गम हैं, जो मानव जीवन को रसमय बनाते हैं। धर्म, संस्कार, उत्सव, तीज-त्योहार लोकमंगल की कामना के साथ 'बहुजन हिताय, बहुजन सुखाय' की धारणा के साथ यहाँ

विकसित हुई। लोक और शिल्प कला लौकिक जीवन को अलौकिक बनाती हैं। अंगेजी का शब्द 'फोक' (Folk) भारतीय शब्द 'लोक' का अनुवाद कभी नहीं हो सकता। लोक शब्द में लोक-मंगल की भावना समाहित है, जबकि अंग्रेजी शब्द फोक साधारण जन की कला के लिए प्रयोग होता रहा है।

भारतीय समसामायिक कलाकारों ने यहाँ की लोक कलाओं से प्रभावित होकर कला रचनाएँ कीं, जिनमें भारतीयता के दर्शन होते हैं। बंगाल के स्थापित चित्रकार यामिनी राय ने काली घाट के पटचित्रों से प्रेरणा लेकर भारतीय विषयों पर चित्र रचनाएँ कीं। शांति निकेतन में कलागुरु नंदलाल बसु ने बाकुरा के टैराकोटा मंदिरों की मूर्तियों की रेखाओं को चित्रों का प्रमुख तत्त्व बनाया। मूर्ति शिल्पी आचार्य राम किंकर बैंज ने लोकजीवन के विषयों पर आधारित रचनाएँ नए अंदाज में सहज ढंग से कीं। भारतीय लोक कलाओं से प्रभावित होकर देश के अनेक स्थापित कलाकारों ने बहुत सशक्त प्रभावशाली रचनाएँ कीं, जो आज भी भारतीय आधुनिक कला का प्रतिनिधित्व करती हैं।

भारतीय चाक्षुषकला हमेशा धर्म और अध्यात्म के साथ विकसित हुई। कला में मौलिकता और स्वंतत्र चिंतन इनका गुण रहा। यहाँ मूर्त और अमूर्त कला चिंतन पर आधारित कला रचनाओं का समान आदर होता था। भारतीय ग्रंथों में चाक्षुषकला से संबंधित अनेक कथाएँ और शब्द मिलते हैं। संस्कृत में चित्रकला संबंधी शब्द कवि कालिदास ने मालविका अग्निमित्रम् और रघुवंशम् में चित्रवीथी, चित्रवत्, चित्रशालिका आदि शब्दों का प्रयोग किया है, बाल्मीकि रामायण में रामजी सीताजी से एक जगह कहते हैं, "आयचित्रमेतम्", अर्थात् हे सीते! तुम जो चित्र देख रही हो, यह जीवित चित्र नहीं है, वरन् यथार्थ की अनुकृति है। रावण ने विघांज्जित नामक शिल्पी से रामजी के सिर की यथावत् अनुकृति बनवाकर सीता को भयभीत करने का प्रयास किया। राजा राम ने अश्वमेध यज्ञ के समय सीताजी की प्रतिरूप मूर्ति स्थापित कर यज्ञ संपन्न किया। प्राचीन काल में लकड़ी के फलक पर चित्रांकन होता था। 'मेदिनीकोश' में चित्रपट और कुंडलित चित्र रचना का वर्णन है। स्कंदपुराण के काशी खंड में ऐसे चित्रों का वर्णन है, जो काशीपुरी में मंदिर की भित्तियों पर चित्रित थे। विश्व की पहली महिला चित्रकार असम प्रदेश के षोड़ितपुर (तेजपुर) की चित्रलेखा

थी। यह विवरण सुनकर यथावत् चित्र बनाने में निष्णात थी। चाक्षुषकला संबंधी अनेक कथाएँ रामायण, महाभारत, जैन व बुद्ध धर्म की रचनाओं में समाहित हैं।

भारतीय चाक्षुषकला संबंधी पुस्तकें समय-समय पर अनेक स्थानों पर रची गईं। मुनि विद्याचरण लिखित पुस्तक पंचदशी के छठे प्रकरण में चित्रकला के ज्ञान का उल्लेख है। विष्णुधर्मोत्तरपुराण के चित्र सूत्रम् अध्याय में चित्रकला पर विशेष प्रकाश डाला गया है। इसके अतिरिक्त पद्मपुराण, स्कंधपुराण, मत्स्यपुराण, अग्निपुराण, हरिवंश पुराण, गरूड़ पुराण आदि ग्रंथों में चित्रकला संबंधी ज्ञान का कहीं-कहीं उल्लेख है। भारतीय कला की महत्ता का वर्णन विष्णुधर्मोत्तरपुराण में इस प्रकार उल्लेखित है—

"कलानं प्रवरं चित्रं धर्मकामार्थ मोक्षदम्।
माङ्ल्यं प्रथम चैतदं गृहे यत्र प्रतिष्ठितम्।।"

भारतीय कला धारा प्रारंभ से ही धर्म और समाज से जुड़कर प्रवाहित होती रही। धर्म विस्तार में चाक्षुषकलाओं का महत्त्वपूर्ण योगदान रहा। साधारण जन तक धर्म की धारणा के विस्तार के लिए कला में नए प्रतीक, आकृतियाँ और नए माध्यम रचे गए। भगवान् जगन्नाथ की विग्रह रचना में ज्यामितीय आकृतियों के साथ चटख रंगों का प्रयोग कला में क्रांतिकारी प्रयोग था। परंपरागत माध्यम से अलग काष्ठ से इन विग्रहों की रचना हुई। भगवान् शिव की अभिव्यक्ति के लिए कलाकारों ने शिवलिंग के साथ अर्द्ध की कल्पना की, जो आज सर्वोत्तम पूजित प्रतीक है। भगवान् शिव का अर्द्धनारीश्वर रूप और नटराज अद्वितीय भारतीय कला की रचनाएँ हैं। श्रीनाथजी (वल्लभकुल संप्रदाय) की विग्रह रचना लालित्य प्रधान है। इसकी शिल्प सजावट से नया चाक्षुष आनंद मिलता है। गोवर्धन पर्वत की पूजा सुबह अमूर्त रूप में होती है और शाम को यही साकार सजावट के साथ दर्शन देते हैं। यही भारतीय कला की विशेषता है।

भारतीय कलाचिंतन कभी यथार्थवादी नहीं रहा। वह हमेशा आदर्शवादी रहा है। भारतीय समसामयिक चित्रकारों के लिए यह मौलिक सोच आज भी प्रेरणा देती है। अमूर्त (आकृति निरपेक्ष) चिंतन भारतीय कला में आध्यात्मिक बिंदु से शुरू हुआ। यह एक प्रतीक है। बिंदुओं को जोड़कर रेखा बनती है, इस कारण भारतीय कला की आकृतियाँ रेखा प्रधान हैं। दक्षिण भारत के मंदिरों के बाह्य

भाग पर बनी मूर्तियों पर जब प्रकाश पड़ता है तो रेखाओं का आभास होता है। यूरोपीय कला में प्रकाश फोटोग्राफी के सिद्धांत पर आधारित है, जबकि भारतीय चित्र की रेखाएँ स्वयं प्रकाशित लगती हैं, चाहे वे अजंता के भित्तिचित्र हों या भारतीय लघु चित्र।

विदेशियों के भारत आने के बाद उनकी कला, संस्कृति का प्रभाव भारतीय कला पर पड़ा, आयातित कलाधारा यहाँ बहने लगी। अंग्रेजों ने यूरोपीय कला के प्रचार-प्रसार के लिए कला विद्यालय स्थापित किए। कालांतर में भारतीय चित्रकारों के एक समूह 'प्रोगेसिव आर्टिस्ट ग्रुप' की स्थापना मुंबई में हुई। इससे यूरोपीय कलाचिंतन का यहाँ और विस्तार हुआ। भारतीय चित्रकारों को इनकी कलाकृतियों ने चमत्कृत किया और धीरे-धीरे हम अपनी कला-परंपराओं से अलग होते चले गए।

आज विश्व के चाक्षुषकला परिदृश्य में भारतीय कलाचिंतन का ही आदर होता है, जो सत्यं, शिवं, सुंदरम् की धारणा पर आधारित है। भारतीय समसामायिक कलाकारों ने यहाँ के चिंतन और शैली के आधार पर अनेक कालजयी कलाकृतियों की रचना की है, जो विश्व में आदरणीय हैं।

पिछली शताब्दी के मध्य में चाक्षुषकला में नया आयाम 'सामग्री संयोजन' (इंस्टालेशन) के रूप में प्रचलित हुआ, इस माध्यम को खूब प्रचार मिला, परंतु भारत में प्रत्येक संस्कार, उत्सव के समय सामग्री संयोजन वैदिक काल से प्रचलित था। उनमें दृश्यकला के महत्त्वपूर्ण तत्त्व थे। दुर्भाग्य से समय और परिस्थितियों के कारण हमने सामग्री संयोजन विधा को कला से अलग कर दिया। उसे पूजित माध्यम मानकर नकार दिया। जब यूरोप से यही विधा कला के रूप में भारत आई तो हमने अभिनव कला प्रयोग के रूप में ग्रहण किया, अंधानुकरण किया। आज आवश्यकता है भारतीय कलादर्शन पर पुनः चिंतन-मनन कर नए चाक्षुषकला के तत्त्व खोजन की।

□

भारतीय दर्शन से अनुप्राणित भवाई लोकनाट्य

✍ डॉ. बलवंत जानी

हजारों सालों से संरक्षित भारतीय संस्कृति अभी तक अक्षुण्ण-अखंड रही, उसे तोड़नेवाले, नष्ट करनेवालों के कई प्रयासों के बाद भी वह लुप्त नहीं हुई; उसके खिलाफ दुष्प्रचार करनेवाले विविध कारकों और अभारतीय विचारधारा के बहुविध प्रकार के प्रसार-प्रसार के बाद भी वह अटूट रहकर आज तक प्रवाहित रही, उसके पीछे के कारकों की जाँच अब विश्व के अभ्यासु कर रहे हैं। इन अभ्यासुओं को कला साहित्य की जाँच के लिए 'कल्चरल स्टडीज' नामक अभिगम उचित लगा है, इसलिए इस पद्धति ने कला के अध्ययन की और अभ्यास करने हेतु प्रेरित हो रहे हैं।

सांस्कृतिक चेतना तो शाश्वत और सनातन है। इस सांस्कृतिक चेतना के अलावा किसी भी राष्ट्र को अखंड बनाए रखनेवाला तत्त्व उसकी संस्कृति है। इन सांस्कृतिक मूल्यों, घटक तत्त्वों से उस राष्ट्र का निर्माण और रचना होती है। ऐसे दर्शन, जीवन-मूल्यों और जीवन-व्यवहार से संस्कृति समाज में जीवंत रहती है। जिसे कलम पकड़ना नहीं आता है, पढ़ना भी नहीं आता है, ऐसे निरक्षर जनता-समाज भी असंस्कृत अथवा असभ्य माना नहीं जाता है। उन लोगों में भी राष्ट्र के जीवन-मूल्य संरक्षित दिखाई देते हैं, जिसका कारण दर्शन, जीवन-मूल्यों और जीवन-व्यवहार से गहन रूप से जुड़ी लोकसंस्कृति तथा भारतीय दर्शन से अनुप्राणित लोककलाएँ हैं। वैदिक संस्कृति में उस समय

में शास्त्र की, शास्त्रार्थ की और अध्ययन की बहुत अधिक महिमा थी। उसके आधार पर संस्कृति का संवर्धन एवं संरक्षण होता था, लेकिन उस समय एक बहुत बड़ा वर्ग शास्त्र या शास्त्रार्थ में रुचि नहीं रखता था या उसके लिए समय नहीं देता था। दूर-दराज के जंगलों में, गिरि-कंदराओं में अथवा समुद्र के बीच रहनेवाली या ग्रामीण प्रदेश में निवास करनेवाली प्रजा या जिसमें पंडितों का प्रवेश नहीं था अथवा जहाँ प्रजा को उसकी फुरसत या खेवना भी नहीं थी। इन सभी में श्रमजीवी प्रजा में भारतीय दर्शन, संस्कृति और जीवन-मूल्यों का संप्रेषण-संरक्षण कैसे हुआ, उस पर विचार करने पर विद्वानों को समझ में आया कि वैदिक काल से ही लोककलाओं ने लोकसंस्कृति, भारतीय दर्शन को, भारतीय संस्कृति को आत्मसात् करके उसके माध्यम से प्रजा के समक्ष राष्ट्र का दर्शन, राष्ट्र के मूल्य प्रस्तुत किए हैं। प्रजा सहज रूप से उसे सँभालती गई। उसे जीवन-व्यवहार में दरशाती गई।

'नाट्य शास्त्र' का अर्थ केवल नाटक तक सीमित नहीं है। नाटक मतलब पेशकश, प्रस्तुतीकरण। लोककला देखने की, पेश करने की कला है। लोककलाओं में लोकसंगीत, लोकनृत्य, लोकसाहित्य और लोकनाट्य समाविष्ट हैं। जो अलिखित है, मौखिक है, पश्चिम के लोग-अभ्यासु उसे ओरल आर्ट अथवा फ्लोटिंग आर्ट के नाम से जानते हैं। यह कला समाज के समक्ष कंठस्थ रहकर तैरती रहती है। इस कला के शास्त्र का भी गठन हुआ है। उसे मान्यता भी प्राप्त हुई, लेकिन उसे मुख्य प्रवाह में स्थान नहीं मिल पाया और उसकी बहुत महिमा भी नहीं हुई। इसलिए उसकी पहचान मार्जिनल आर्ट के रूप में होती रही, जो हाशिए में सिमटकर रह गई है। अब कल्चरल स्टडीज करने वाले अभ्यासुओं को समझ में आया कि यह तो समूहजन्य और समूहभोग्य कला स्वरूप है। कॉम्बिनेटिक और कॉलाबरेटिव आर्ट है। उसकी कोई पाठशाला नहीं है। यह अपने आप देखने-जानने से, लोकव्यक्तित्व में से प्रकट होती है और प्रस्तुत होती है। दूसरी बात, यह कला प्रारंभ कालीन परंपरा को उजागर करती है, इसलिए वह उसमें भारतीय संस्कृति और भारतीय दर्शन की वाहक है। उसे प्रिमिटिव आर्ट भी माना जाता है। उसमें कुछ भी इंटरपोलेशन नहीं होता। उसके धारकों का अन्य संस्कृति-सभ्यता के साथ संवाद न होने से

उसने निजता-अपना सही रूप तीव्रता से बनाए रखा है। उसकी विषय-सामग्री में सम्प्रति का जोड़ा जाना हो या भाषाई उच्चारण बदले-मुड़े, लेकिन उसका टोन-सुर संपूर्ण रूप से नेटिव रहता है। यह सबसे बड़ी विशेषता लोककला के संदर्भ में समझनी होती है।

फ्रांस के सोरेबोन विश्वविद्यालय, पेरिस में जब मैं विजिटर अध्यापक के रूप में था, तब वहाँ के भारतीय लोककला और कंठस्थ परंपरा के भक्ति-साहित्य के विद्वान् प्रोफेसर फ्रांस्वा मालिजो ने मुझसे पूछा था, "मुझे एक चीज समझ में नहीं आ रही। गांधी विचार-धारा के प्रचारक गाँव नहीं पहुँचे थे, वहाँ समूह माध्यमों की अनुपस्थिति में भी गांधी विचार, गांधी दर्शन किस तरह पहुँचे, समझे और स्वीकृत हुए थे?" मैंने उन्हें समझाया था, "अनुप्राणित लोकसाहित्य द्वारा गांधी भाव विश्व के लोगों तक पहुँचा था। कवि काग ने तो 'मोहनायण' प्रकार के रामायण परंपरा के लोककथा, गीत, बैले का गठन किया था और गांधी-संदेश गाँव-गाँव गूँजने लगा था। लोक समुदाय में वह लोकनायक के रूप में स्वीकृत हुआ।

लोककलाओं की जड़ें भारतीय भू-भाग में अत्यंत गहरी और मजबूत हैं। वह भले ही अक्षरज्ञान विहीन समाज समक्ष उसके प्रतिनिधि द्वारा प्रस्तुत होती हों, प्रदेशभेद-विस्तारभेद के कारण उसमें स्थानीय शब्दावली, सूर-स्वर बदलते हैं, लेकिन उसमें स्थित प्राणतत्त्व तो एक और अभिन्न भारतीय दर्शन है; भारतीय संस्कृति और भारतीय जीवनमूल्य हैं। ऐसी लोककलाओं का एक उदाहरण है, गुजरात में हजारों सालों से प्रवाहित और प्रचलित लोकनाट्य स्वरूप 'भवाई'। विविध प्रदेशों में, अलग अलग विस्तारों में भारतीय लोकनाटक विभिन्न नाम से आज भी जीवंत है। वह जीवंत है, इसलिए भारतीय दर्शन और संस्कृति भी जीवंत है। फिर वह तमाशा हो या तैयम, गुजरात में प्रचलित नाम है भवाई।

उसका मंचीय स्थान प्राचीन भारतीय परंपरा का अनुसंधान है। स्टेज की भारतीय दर्शन की परिकल्पना ग्रीस से कितनी अलग है, उसका खयाल भवाई की पेशकश के स्थानक से समझ में आती है। गोलाकार निश्चित स्थान में वह खेली जाती है और आसपास लोग बैठकर या खड़े-खड़े उसका आनंद लेते हैं। दर्शकों के साथ संवाद भी होता रहता है।

उसकी सजावट, स्टेज प्रोपर्टी, वाद्ययंत्र और साजिंदे तथा पोशाक-पहेरवेश एवं चहेरे पर का मैकअप भी भारतीय संस्कृति से अनुप्राणित, भूंगळ जैसा वाद्य माइक की भी आवश्यकता नहीं होती। संवाद दोहराए जाते हैं। प्रत्युत्तर में अधिक स्पष्टता मिलती है। गान के समय लोगों की सहभागिता जुड़े। वन्समोर, दोबारा और फिर से सुनाने के आदेश होते हैं और कलाकारों को, साजिंदों को पुरस्कृत किया जाता है। दर्शकों के साथ सहभागिता हमारी संस्कृति है।

'सहनौभुनक्तु' शब्द का सही अर्थ यहाँ प्रकट होता दिखाई देता है।

प्रारंभ में माताजी-श्रीगणेश जैसे भारतीय देवी-देवताओं की वंदना। कलाकार उनका कृपा प्रसाद लोकसमूह के समक्ष करे। इस कारण लोकश्रद्धा की गूँज उठे और दोगुनी होती है। झंडा-झूलण जैसे चरित्र लोगों को अपने से लगते हैं। किसी के द्वारा पूछे जाते सवाल भी लोगों को अपने लगते हैं। इन सवालों में भी भारतीय भावदर्शन, संस्कृति और जीवन-मूल्य निहित होते हैं, उसमें प्रयुक्त संगीत स्वदेशी, उसका लय भी लोगों में प्रचलित लय के रूप में अपने से लगने वाले होते हैं और पेशकश का ढंग भी प्रादेशिक गीत-लय से आबद्ध होता हैं।

भवाई वेश-लोकनाट्य, विषय-सामग्री भी लोक-समाज में जिस कारण नेतृत्व मिलता है, उस बहादुरी, पराक्रम और राष्ट्र के लिए शहीद होनेवाले सपूतों के आसपास का होता है। इसमें सत्य का पालन करते समय पुत्र-पत्नी को गौण माननेवाले हरिश्चंद्र होते हैं, पराक्रमी अभिमन्यु होते हैं और रामचरित्र के उद्दात्त प्रसंग भी होते हैं।

इस तरह विषय-सामग्री, पेशकश का परिवेश और आहार्य अभिनय अर्थात् पहेरवेश इन सबमें से प्रकट होते हैं—भारतीय संस्कृति, जीवन-मूल्य और जीवन-दर्शन। भारतीय कला के शास्त्र की भी समझ मिलती है। व्यवहार में उजागर होते शौर्य, विनम्रता संवाद में से प्रकट होता राष्ट्रप्रेम, उनके तुरंत दृष्टिगोचर होते घटक हैं।

लेकिन कला की भारतीय विभावना, सौंदर्य का हमारा खयाल कितना व्यापक, विस्तृत और सर्वग्राही है, उसका परिचय इसके माध्यम से प्रकट होता है, फैलता है और लोगों के दिलों में प्रवेश पाकर स्थिर होता है। प्रादेशिक

संगीत, प्रादेशिक राग को बनाए रखती है भवाई। प्रादेशिक भाषास्वरूप को, प्रादेशिक मान्यताओं को और वाणी-लय, लटकों-झटकों द्वारा किसी बात या विचार को मधुरता से लोगों के मन में आरोपित करने का राष्ट्रसेवा का कार्य करती है भवाई लोकनाट्य स्वरूप।

यह प्रादेशिक, यह खंडभाग अखंड भारत के संस्कार को, संस्कृति को और दर्शन को ही पुरस्कृत करके प्रकट होता महसूस होता है। इसलिए विविधता में संरक्षित एकता। एकात्म मानवभाव, एकात्मक बोध और एकात्मकता कितनी गहराई से अभिन्न रूप से संरक्षित है, उसका परिचय मिलता है भवाई लोकनाट्य स्वरूप द्वारा। भारतीय संस्कृति, दर्शन और भारतीय जीवन-मूल्यों को उजागर करती भवाई इसी कारण आज तक जीवंत रही है। उसमें भारत के शाश्वत भाव, सनातन मूल्यों और चिरंजीव भावविश्व स्थित है। भवाई में उपनिषद् के सूत्र के शब्दों के 'सूक्ष्मातिसूक्ष्म' रूप भवाई के एक गीत में 'झीणाथी अति झीणो रे' में अनुकरण केवल मुझे ही नहीं, समग्र समाज को प्राप्त होता है। उपनिषद् के अभ्यासु होने के कारण उसकी महत्ता प्राप्त करता हूँ। निरक्षर, अबोध माने जानेवाला समाज भी इस बहाने भारतीय दर्शन के भाव से दीक्षित होता है। फिर निरक्षर और अभ्यासु में कोई अंतर नहीं रह जाता है। श्लोक को लोगों तक पहुँचाने वाली, जीवंत रखनेवाली और बनाए रखनेवाली भवाई लोकनाट्यस्वरूप इसी कारणवश केवल हमारे आस्वाद का ही नहीं, लेकिन अभ्यास का विषय भी बनती है। भारतीय दर्शन से अनुप्राणित भवाई भारतीय संस्कार, संस्कृति और सदाचार दर्शन का प्रकट स्वरूप है।

□

ऋग्वेद काल में श्रीगंगा

✍ *आचार्य भागीरथ प्रसाद त्रिपाठी*
'वागीश शास्त्री'

पश्चिमी विद्वानों और उनके अनुयायी कुछ सुधीजनों की भ्रांत विचारधारा के अनुसार, आर्यों ने मध्य एशिया आदि भूभागों से चलकर भारत में प्रवेश किया था। इस मान्यता की पुष्टि में वे ऋग्वेद में उल्लिखित पर्वतों, नदियों के साक्ष्यों को प्रस्तुत करते हैं। उनका कथन है कि आर्यजनों का भारत प्रवेश पश्चिम दिशा से हुआ था। इसलिए उनका सर्वप्रथम परिचय पश्चिम दिशा में प्रवाहमान नदियों एवं पर्वतों के साथ होना स्वाभाविक था। सिंधु, सप्तसिंधु, कुंभा इत्यादि नदियों का सर्वाधिक वर्णन ऋग्वेद संहिता में हुआ है। पाश्चात्य देशीय विद्वज्जनों की यह भी मान्यता है कि ऋग्वेद संहिता का दशम मंडल अन्य मंडलों की अपेक्षा परवर्ती है। इसका कारण बताते हुए, वे कहते हैं कि दशम मंडल की रचना तब हुई, जब आर्यजन भारतवर्ष में पूर्ण रूप से स्थापित हो चुके थे। अतः आर्यजन पूर्व दिशा में प्रवहमान गंगा, यमुना इत्यादि नदियों का वर्णन इस मंडल में ही कर सके।

भारतीय संस्कृति एवं सुदीर्घ परंपराओं को अतलस्पर्शी गहराइयों को नापने में झिझकते पश्चिमी संस्कृति के भक्तों द्वारा उद्भावित ये भ्रांत धारणाएँ सर्वथा हास्यास्पद एवं उनके अपरिपक्व ज्ञान की सूचक हैं। यदि आर्यों ने पश्चिमी दिशा से भारत में प्रवेश किया होता और अफगानिस्तान, सिंधु प्रदेश तथा पंजाब में प्रथम स्थापित हुए होते तो पूर्व दिशा में प्रवहमान नदियों की

पूज्यता को भुला दिया गया होता। वे पश्चिमी नदियों एवं भू-भागों का ही स्मरण करते। ऋग्वेदीय दशम मंडल के पचहत्तरवें नदी सूक्त में नदियों की स्तुति की गई है। इस नदी सूक्त के प्रथम मंत्र में बताया गया है कि सिंधु नदी अपने बल से सभी नदियों को अतिकांत कर प्रवहमान है। इसके परवर्ती सभी मंत्रों में सिंधु का वर्णन हुआ है। केवल पंचम मंत्र में पूर्व दिग्भाग की ओर प्रवहमान गंगा, यमुना और सरस्वती नदियों की स्तुति की गई है।

इमं मे गङ्गे यमुने सरस्वति शुतुद्रि स्तोमं सचता परुष्ण्या।
असिकन्या मरुदृधे वितस्तयार्जीकीये शृणुह्या सुषोमया।।

इस मंत्र में नदियों की प्रार्थना का जो क्रम रखा गया है, वह दिखाता है कि आर्यजन पूर्व दिशा से पश्चिम पंजाब की सतलज, इरावती, चिनाब, मद्धृधा (चंद्रभागा), झेलम और आर्जीकीया (व्यास) नामक नदियाँ प्रवाहमान हैं। इस मंत्र की छठी ऋचा में गोमती (गोमल-अफगानिस्तान के बराकोसिया में प्रवहमान) तथा कुंभा (काबुल) नदियों का नामोल्लेख है। अंतिम नवम मंत्र में सिंधु की महिमा बताई गई है। अष्टम मंत्र में बताया गया है कि सिंधु नदी के तटवर्ती स्थान ऊनी कंबलों, विविध औषधियों और धन-धान्य से समृद्ध थे। सिंधु नदी में आध्यात्मिकता की अपेक्षा भौतिकता अधिक झलकती है। परवर्ती कुछ पुराणों में सिंधु में तर्पण आदि धार्मिक कृत्यों के अनुष्ठान की चर्चा के अतिरिक्त गंगा जितना महत्त्व नहीं दिया गया है। आर्यजन पूर्व दिशा से पश्चिमाभिमुख यात्रा करते हुए कुछ समय तक सिंधु क्षेत्र में ठहरे होंगे और वहाँ से शकस्थान आदि देशों में फैल गए।

भारत से समय-समय पर आर्यों के निष्क्रमण होते रहे हैं। 'जिप्सी भाषा' एवं 'Migration of Aryans from India' ग्रंथों से पता चलता है कि रोमा नाम से प्रसिद्ध यायावर कबीले पुराणों में निर्दिष्ट 'राम' नामक क्षेत्र से ईस्वी पूर्व और बाद की शताब्दियों में ईरान तथा मिस्र (इजिप्ट) होते हुए संपूर्ण यूरोप, तुर्किस्तान इत्यादि देशों में फैल गए। 'राम' नाम से संबंधित होने के कारण वे आज स्वयं को 'रोमा' कहते हैं। इजिप्ट से यूरोप में प्रवेश करने के कारण उन्हें जिप्सी कहा जाने लगा। यह 'राम' नामक क्षेत्र भारत में

उस जगह पर हैं, जहाँ राजस्थान, पंजाब और सिंध प्रदेश की सीमाएँ परस्पर मिलती हैं। समय-समय पर हुए इन निष्क्रमणों का सम्यक् अनुशीलन करने पर सिंधु घाटी की सभ्यता के रहस्योद्घाटन पर नया प्रकाश पड़ने की संभावना है। भारत से आर्यों के ये निष्क्रमण हैं। पश्चिमी संस्कृति में वैदिक देवताओं की नामोपलब्धि का रहस्य आर्यजनों के निष्क्रमणों में निहित है।

पाश्चात्य विद्वानों का यह वक्तव्य सत्य से सर्वथा परे है कि ऋग्वेद संहिता में गंगा की स्पष्ट चर्चा एक बार ही की गई है। ऋग्वेदीय पाठ में नदी सूक्त का एक खिल मंत्र 'सितासिते सरिते यत्र संगथे तत्राप्लुतासो दिवमुत्पत न्त्रि' मिलता है। इसमें श्रीगंगा और यमुना के श्वेत और श्याम जल की पावनता तथा दिव्यता को लक्षित कर वहाँ उनका स्मरण 'सिता' और 'असिता' के रूप में भी किया गया है। उनका यह कथन अवश्य सत्य है कि ऋग्वेद संहिता के अतिरिक्त यजुर्वेद, सामवेद और अथर्ववेद संहिताओं में गंगा की चर्चा नहीं आई है। यजुर्वेद संहिता के शतपथ ब्राह्मण तथा कृष्ण यजुर्वेद के तैत्तिरीय आरण्यक में गंगा का स्पष्ट उल्लेख मिलता है।

ऋग्वेद संहिता के (1,158, 4-6) एवं (8,9,10) मंत्रों में दीर्घतमस् (पूर्व नाम दीर्घपस्) नामक महर्षि की कथा आई है। ऐतरेय ब्राह्मण (8,23) में बताया गया है कि ये महर्षि भरत राजा के पुरोहित थे। उन्होंने भरत दौष्यन्ति का 'ऐन्द्रआभिषेक' यमुना के किनारे किया था। कथा है कि एक बार अंग देश के राजा गंगा नदी में जलक्रीड़ा कर रहे थे, इन्होंने दीर्घतमस् को गंगाधारा में बहता हुआ देख उनका उद्धार किया था। वृहद्देवता नामक ग्रंथ में इस कथा का उपबृंहण हुआ है। गंगा और यमुना नदियों के मध्यवर्ती भू-भागों पर भरत दौष्यंति द्वारा प्राप्त की गई विजय का अंकन शतपथ ब्राह्मण में हुआ है। गंगा और यमुना के मध्यवर्ती क्षेत्र (दोआब) के निवासियों की तैत्तिरीय आरण्यक में विशेष प्रशंसा की गई है।

ऋग्वेद संहिता के प्रथम एवं अष्टम मंडलों के अतिरिक्त षष्ठ मंडल में गंगा संबंधी चर्चा हुई है। वहाँ भरद्वाज ऋषि तथा कृपण पणियों के बृबु नामक काष्ठकार का ऐसा प्रसंग है, जिसके अनुसार भरद्वाज ने बृबु द्वारा

दिए गए दान को स्वीकार किया था। बृबु की प्रशंसा में भरद्वाज ने जो ऋचा पढ़ी, उसमें बृबु की दानोच्चता की समानता गंगा के ऊँचे तट पर लगे विस्तीर्ण वृक्ष के साथ की थी—'अधि बृबुः पणीनां वर्षिष्ठे मूर्धन्नस्थात्। उरुः कक्षो न गाडयः' (6,45,31)। इस मंत्र में गंगा शब्द से संबंधित गाडयः शब्द का व्यवहार किया गया है। यह कक्ष-वृक्ष का विशेषण है। गाडयः कक्षः का तात्पर्य हुआ—गंगा का वृक्ष।

वैदिक वाङ्मय की विविध व्याख्याएँ हैं, जो भौगोलिक स्थानों का परिचय कराती हैं। महाभारत, पुराण इत्यादि वाङ्मय में वैदिक कथाओं का विशदीकरण मिलता है। ऋग्वेदीय अष्टम मंडल का उन्नीसवाँ सूक्त सौभरि सूक्त के नाम से प्रसिद्ध है। इसमें पुरुकुत्स पुत्र राजा त्रसदस्यु के दान की प्रशंसा की गई है। इसके 36वें और 37वें मंत्रों में सौभरि ऋषि ने राजा त्रसदस्यु द्वारा किए गए कन्यादान की प्रशस्ति की है।

अदान्मै पौरुकुत्स्यः पंचाशतं त्रसदस्युर्वधुनाम।
मंहिष्ठो अर्यः सत्पतिः॥
उंत मे प्रयियोर्वाययोः सुवास्त्वा अधि तुग्वनि।
तिसृणां सेप्रतिनां श्यावः प्रणेता भुवद्वसुर्दियानां पतिः॥

राजा त्रसदस्यु से कन्यादान लेने के पूर्व सौभरि ऋषि नदी के जल में खड़े होकर तपस्या कर रहे थे। ऋग्वेद संहिता में नदी के नाम का उल्लेख नहीं है। उक्त दोनों मंत्रों में ऋषि को दिए दान का संकेत भर मिलता है। बृहद्देवता में भी केवल नदी कहा गया है। द्याद्विवेद ने उस नदी को गंगा बताया है। श्रीमद्भागवत पुराण में राजा त्रसदस्यु के स्थान पर सम्राट् मान्धाता तथा गंगा के स्थान पर यमुना नाम दिया गया है। दोनों की राजधानियों की विभिन्नता के कारण नदियों का भी नामभेद हुआ है। दोनों ग्रंथों में गंगा-यमुना के मध्यवर्ती भू-भाग की पावनता दिखाना मुख्य लक्षण है। बृहद्देवता और पुराणों में इस सांकेतिक कथा का विशदीकरण उपलब्ध होता है। इतिहास-पुराण वेदों की सांकेतिक कथाओं का उपबृंहण करते हैं। इनकी सहायता के बिना वेदों का अर्थ निश्चय करने पर समग्र परंपरा का उल्लंघन होता है।

पाश्चात्य विद्धज्जनों और उनके कुछ अनुयायियों द्वारा इतिहास-पुराण की उपेक्षा कर जो मनमाना अर्थ किया जाता है, उससे वेदों को चोट पहुँचती है। इस विवेचन से यह स्पष्ट है कि ऋग्वेद संहिता के पहले, छठे और आठवें मंडल में भी गंगा का स्मरण किया गया है। आर्यजनों की प्रारंभ से ही गंगा के प्रति आदर भक्ति रही है। आर्यजनों का बाहर से भारत में आगमन नहीं हुआ, बल्कि समय-समय पर उनका भारत से अन्य देशों में निष्क्रमण होता रहा है।

□

संस्कृति-अजस्र राग धर्मिता

✍ ऋता शुक्ल

'कोटि-कोटि कंठे कलकल निनाद कराले...' बंकिम बाबू के द्वारा रचित इस शंखनाद परक गीत का एक-एक शब्द भारतीय कला, संस्कृति और अध्यात्म का ओजपूर्ण निदर्शन है।

सर्वभाव समन्वय, आचार, व्यवहार का समुच्चय, वैचारिक औदात्य, आस्था से पार पूर्ण हृदय, सतकर्म के प्रति श्रद्धा; सत्य-न्याय की परंपरा का एकनिष्ठ निर्वहण, मनुष्यता के उत्कर्ष का चिंतन, पर्यावरण प्रियता, अंतरिक्ष दर्शन के प्रति गहरी अभिरुचि, योग की प्राग्वैदिक परंपरा का गौरव बोध, नारी के प्रति सम्मान की शिष्टता, देश के उज्ज्वल भविष्य का सतत अनुचिंतन ही हमारी समस्त कलाओं का उपजीव्य माना गया है।

भारत की औपनिषदिक संस्कृति सहअस्तित्व को सबसे बड़ा दर्शन/धर्म मानती है।

कठोपनिषद् कहता है—

ॐ सहनाववतु। सह नौभुनक्तु।
सह वीर्य करवाव है। तेजस्वीनावधीतमस्तु।

यह परस्पर सहभागता ही भारतीय कला-संस्कृति की प्राणवायु है। सह नौ यश: हमारी यशोवृद्धि भी साथ-साथ हो।

भारतीय ज्ञान-परंपरा का प्रमाणक उत्स हैं हमारे पुरा ग्रंथ। योग, वैदिक गणित और संगीत—तीनों विधाओं का सीधा संबंध भारतीय दर्शन से है। समरसता की उदात्त भावभूमि पर टिका हुआ मानवीय मूल्य ही भारतीय दर्शन की आधार

भित्ति है। भारतीय आर्ष परंपरा कला को अखंड आनंददायी सौंदर्य बोध का पर्याय मानती है। नाद के न को प्राणवायु और द को अग्नि माना गया है। अनाहत नाद का गूढार्थ है, लय रूप में पूरे ब्रह्मांड में विद्यमान दिव्य सांगीतिक ध्वनि। समभाव के उदात्त शिखर पर स्थित चेतना के भीतर व्याप्त अनहद राग ही अंखड आनंद का प्रयोजन बनता है। जयशंकर प्रसाद की दो पंक्तियाँ इसी अनुभूति की प्रमाणक हैं—

"समस्थ थे जड़ या चेतन, सुंदर साकार बना था
चेतना एक विलसती, आनंद अखंड घना था"

यह लय यों ही भारतीय दर्शन की विराटता का बोध कराता है। अथर्ववेद में गृहनिर्माण का, स्थापत्य कला का एक सुंदर शुभ निदर्शन देखा जा सकता है। सीधे, स्तर स्तंभ, सीधे बाँस का छप्पर, रोगनाशक जल, आरोग्यकारक भूमि, सूर्य का प्रकाश, वायु की शुद्धता, अश्व, गौ, दूध, घी, अन्न और औदार्य से भरा चेतस—इनके समयोग से गृहवास उत्तम होता है। ईंट, पत्थर, गारा, सीमेंट की बनी दीवारों को घर का नाम नहीं दिया जा सकता। अवसाद और तनाव से भरे घरों के भीतर पतले मनुष्य देहधारियों का संताप, आधुनिकता बोध के चरम पर उपजा हुआ अराजक संत्रास। मानव संस्कृति, मानव चेतना अवक्र मानी गई है। भारतीय लोक संस्कृति की विलक्षणता 'अस्ति' में जीना सिखाती है। जहाँ सर्वभाव समन्वय नहीं, 'वसुधैव कुटुंबकम्' का औदार्य नहीं, वह घर वास्तव में घर नहीं। किसी कवि ने लोक सौहार्द की सुंदर मिसाल सामने रखी है—

"कोई अपने घर में दिया यूँ जलाए
कि उसका उजाला मेरे घर तक आए।"

अस्तु, भारतीय दर्शन और वास्तुशिल्प विज्ञान दोनों के बीच प्रगाढ़ संबंध है। शुभाशुभ मति के साथ गृह-निर्माण के संसाधनों का योग वैदिक शास्ति के अनुरूप सात्त्विक, शुभ हुआ करता है।

यजुर्वेद का एक सूक्त है—"वयं राष्ट्रे जाग्रयामः पुरोहिताः।"

सबका कल्याण ही हमारे राष्ट्र का सचेष्ट चिंतन है और इस जागरण-बोध की सर्वप्रिय अनुभूति है—धरित्री के कण-कण में व्याप्त कला की विराटता।

शिव का तांडव नृत्य हो या गौरी का लास्य, अथवा महिषमर्दिनी दुर्गा का

घोर गर्जन रव, सब में संगीत की व्याप्ति है। हमारी श्वासगति वैदिक छंद निनाद, वर्णों और ध्वनियों का महाकर्षण भारतीय दर्शन का मूल मंत्र है, सतत ज्ञानयज्ञ से प्रसूत यह सार्वभौम सत्य।

ध्यानपूर्वक सुनें और गुनें—आनंदमठ के संन्यासी सत्यानंद का दीक्षा गीत—"बाहु ते तुमि माँ भक्ति, हृदये तुमि माँ भक्ति···" स्वतंत्र सार्वभौम इस गणराज्य को ऐसा ही अनल गीत चाहिए। भारतीय दर्शन की इसी भावभंगिमा में शब्दों की रस-दशा का गौरव सिमटा हुआ है।

भारतीय की कसौटी केवल मानव अस्मिता का उन्नयन नहीं, ताल, छंद मयी, वनस्पति में अंतर्हित वह नाद-सौंदर्य भी है, जो पत्तियों के हिलने में, नदियों के प्रवाह में, पावस की मेह ध्वनि में, मेघ गर्जन में, सागर के उच्छल निनाद में झलकता है। इतना ही नहीं, हमारी मातृभमि भारतवर्ष में शस्य संपदा के वैभव का विशिष्ट महत्त्व है। धान, गेहूँ, जौ, मक्का, अलसी, बाजरा आदि कृषक संस्कृति के पुलक नाद का प्रतीक हैं। हमारे देश की विशाल वैचारिक अस्मिता का पारंपरिक वैशिष्ट्य देखना हो तो देव-दानव संघर्ष की पौराणिक अनुभूति से जुड़ना होगा। मेरु अरणि से किया गया सागर मंथन, फेनिल ज्वार की उन्मदता, विष और अमृत का एक साथ प्राकट्य। मनुष्य के मनोजगत् में प्रतिपल वैचारिक मंथन हुआ करता है। विष पीकर निर्विष होने का यह तप ही जीवन का सबसे बड़ा संकल्प बनता है। लोक-परंपराओं में पल रही मातृत्व की विभूति मानव सत्ता की सबसे बड़ी सिद्धि है। माँ यशोदा की पाकशाला का अराणी नाद, दधि बिलोती जननी के हाथों से कढ़ती वात्सल्य ध्वनि, पाकशाला की धीमी आँच में पक रहे अन्न का परिपाक, पतीले के ढक्कन की वाष्प के साथ लयकारी, वह राम रसोई अब कहाँ? बेपढ़े कबीर ने नाद ब्रह्म को पहिचाना रस गगन गुफा से अजर झरै··· बेहद्दी मैदान में रहा कबीरा सोय··· हय अवधारणा ही बूँद में समुद्र का संधानक बनती है। सर्पीली बौद्धिकता सिर चढ़कर बोलने लगती है तो नादब्रह्म रूठ जाता है। निर्विवाद सत्य तो यह है कि शुभ कर्मों की अनुकूलता के लिए, समस्त विषमताओं के उपचार के लिए नादब्रह्म का तप ही सबसे बड़ा उपचार है। नाद की इस विराटता से पूरी संस्कृति आप्यायित है। रामकृष्ण परमंहस की भक्ति-विह्वलता, विवेकानंद का कर्मयोग, अरविंद का ज्ञानयोग—

आध्यात्मिक उत्कर्ष के ये तीन सोपान हैं, जो भारतीय व्यागतप की परंपरा को वृहद् आध्यात्मिक सत्य की ओर ले जाते हैं। सिंधु सभ्यता की चित्रकला भारतीय जीवन राग से संपृक्त है। भित्ति फलक, वस्त्र खंड, काष्ठ, ताल पग, प्रस्तर खंड आदि पर देवालय के दृश्य उकेरने की परंपरा, अजंता की गुफाओं में अंकित चित्र भारतीय दर्शन की जीवंत धरोहर हैं। कुल मिलाकर भारतीय दर्शन के साथ कला के अद्वितीय सामरस्य बोध में मानवीय संवेदना की अजस्र रागधर्मिता समाहित है, जो सत्यं, शिवं, सुंदरम् की उदात्त अनुभूति से जुड़ी है।

□

कला में अमरत्व का स्पर्श होता है

✍ अमृतलाल वेगड़

सभ्यता के खेत में पहले बीज कला के पड़े। कलाएँ सभ्यता के प्रथम सत्र में आईं। धर्म, अध्यात्म, विज्ञान आदि बाद के सत्रों में आए। मनुष्य की मूलभूत आवश्यकताएँ तीन हैं—रोटी, कपड़ा और मकान। किंतु पहले ऐसी नहीं या हजारों बरस पहले का प्रागैतिहासिक मानव शिकार करके या कंद-मूल खाकर अपना पेट भरता था। और जब उसका पेट भर जाता था तो वह नाचता था, गाता था और चट्टानों पर चित्र उकेरता था! उसके पास न कपड़ा था, न मकान, पर कला थी। तो उसकी बुनियादी जरूरतें थीं रोटी और कपड़ा। आदमी ने चित्र और शिल्प बनाना पहले सीखा, कपडा बुनना, मकान बनाना या खेती करना बाद में सीखा। उसने अपने शरीर को आकृतियों अथवा अलंकारों से अलंकृत करना भी पहले सीखा। मानव के अन्य किसी रूप की अपेक्षा उसका कलाकार का रूप सबसे अधिक प्राचीन है।

कला उतनी ही प्राचीन है, जितनी स्वयं मानव जाति। कला हर युग में, हर देश में विकसित हुई हैं। यह देश और काल के बंधन से परे है। (चित्रकला में भी रेखा पहले आई, रंग बाद में आए। रेखा रंग से कहीं प्राचीन है। आदिमानव अपनी भावनाओं की अभिव्यक्ति रेखाएँ खींचकर करता था। प्राचीनकाल में रेखाएँ सफेद या गेरू रंग की होती थीं। बाद में वह रंगों का प्रयोग भी करने लगा। हजारों साल बीत गए, पर आज भी रेखाओं के प्रति कलाकारों का लगाव कम नहीं हुआ है।)

मानव जीवन में एक बार प्रकट होकर कला ने फिर कभी उसका साथ

नहीं छोड़ा। विकट से विकट परिस्थितियों में भी मनुष्य की कला की प्यास सदा अमिट रही। मनुष्य सदा से ही सृजनशील रहा है। सृजन किए बिना वह रह नहीं सकता।

कला उस तरह से उपयोगी नहीं हो सकती, जिस तरह से तीर-धनुष या हल उपयोगी हैं। कला से न तो जानवरों का शिकार किया जा सकता है, नहीं जमीन जोती जा सकती है। कला की इस तरह की कोई व्यावहारिक उपयोगिता नहीं। वह रोजगार नहीं दे सकती, किंतु वह जीवन सँवारने में सहायता करती है। वह जीवन की नीरसता को दूर करती है। वह हृदय को माधुर्य से भर देती है। वह जीवन को समृद्ध बनाती है। यह कला ही है, जिसने हमें पशुओं से ऊपर उठाया और मनुष्य बनाया।

संस्कृत साहित्य में मानव-जीवन की बड़ी सुंदर कल्पना की गई है। एक कुआँ है। उसकी पेंदी में जहरीला साँप हैं और जगत पर बाघ। कुएँ की दीवार से एक पेड़ निकल आया है और उसकी डाल पकड़कर एक आदमी लटक रहा है। साँप के भय से नीचे नहीं उत्तर सकता, बाघ के भय से बाहर नहीं आ सकता। ऊपर की शाख में शहद का छत्ता है। कभी-कभार इस छत्ते से शहद की बूँदे टपकती हैं। शहद की इन बूँदों के सहारे वह आदमी जी रहा है।

इनमें कुछ बूँदें कला की हैं। मनुष्यों का जीवन कष्टों का सागर है। इसका श्रेय कवियों, कलाओं, कलाकारों और संगीतकारों को जाता है, जो हमारे दुःखों को भुलाकर कुछ क्षणों के लिए ही सही, हमारे जीवन को खुशियों से भर देते हैं। हमारे जीवन को हरा-भरा बनाए रखने के लिए कला चाहिए। रोटी और कपड़े की तरह कला भी मनुष्य की एक बुनियादी जरूरत है। हमारा पेट जिस तरह से खाना माँगता है, वैसे ही हमारी आत्मा को साहित्य, संगीत नृत्य, चित्र, शिल्प आदि कलाओं की भूख सताती है। कला का पहला प्रयोजन है, जीवन की नीरसता और फीकेपन को मिटाना, हमारे हृदय को आनंद से भर देना। यदि वह इससे अधिक कुछ करती है तो बड़ी अच्छी बात है, लेकिन इतना तो उसे करना ही चाहिए। सौंदर्य के प्रति लगाव, उसे देखने की उत्कंठा मनुष्य में स्वाभाविक है। जितनी स्वाभाविक उसकी अन्य प्रवृत्तियाँ हैं, उतनी ही कला भी है। सौंदर्य की प्यास एक स्वस्थ भावना है।

आदमी सौंदर्य से प्रभावित होता है। समाज अपने कलाकारों से कहता है—हमें आनंद दो खुशियाँ दो, हमारा मन बहलाओ, हमारी कल्पना को जगाओ, हमें संवेदनशील बनाओ, विचारशील बनाओ, हमें रुलाओं, हमें हँसाओ। और यह काम केवल तुम कर सकते हो। तुम हमारे भीतर नए प्राणों का संचार कर सकते हो। तुम हमारी आत्मा को तृप्त कर सकते हो। तो ये हैं एक स्वस्थ समाज की अपने कलाकारों से अपेक्षाएँ।

इस संसार का सबसे बड़ा सत्य है मृत्यु। यह अटल सत्य है। इसे टाला नहीं जा सकता। लेकिन यह जितना बड़ा सत्य है, उतना ही बड़ा सत्य है जिजीविषा—जीने की इच्छा। आदमी जीना चाहता है। कोई मरना नहीं चाहता। लेकिन मरना तो पड़ेगा। तब ऐसा कुछ करो कि मरने के बाद भी जिंदा रहा जा सके। बड़ा विरोधाभास है, मर रहा है पर मरना नहीं चाहता। और तब उसने हजारों वर्षों के अथक प्रयास के बाद पाया कि कला से ही काल पर विजय पाई जा सकती है। अगर एक ओर काल है तो दूसरी ओर है कला, हमारे मध्य पंद्रह या शायद बीस हजार साल पुराने चित्र भीम बेटका (भोपाल के पास) में हैं। और भी कई जगह है। वहाँ के पशु आज भी अपना गर्वीला सिर उठाए खड़े हैं। वे कलाकार अपनी कला के कारण आज भी जिंदा है। सौंदर्य की सृष्टि आदिम युग से ही शुरू हो गई थी। शायद इसीलिए कहा गया है, कवि या कलाकार का जन्म संसार की रचना के सौ बरस पहले हुआ था।

एक कलागुरु का जब अंत समय निकट आया तो उन्होंने अपने सभी शिष्यों को बुला भेजा, ताकि वे उन्हें अपना अंतिम आशीर्वाद दे सकें। तब एक शिष्य ने पूछा कि गुरुदेव, आपने अपना सारा जीवन कला को समर्पित कर दिया। इसके पीछे आपने अपना संसार तक नहीं बसाया, सारा जीवन भर अकेले रहे। इसके बदले में आपको क्या मिला। आप निर्धन के निर्धन ही रहे। आपके इस महान् त्याग का क्या औचित्य है?

गुरु में थोड़ी सी ताकत बाकी थी। धीरे-धीरे चलकर सामने की दीवार तक गए। वहाँ उनका बनाया हुआ एक चित्र लगा था। वह उनका सर्वश्रेष्ठ चित्र था। उसमें घास की एक पत्ती भर थी। एक ही पत्ती पर उसमें जीवन की धड़कन थी। सृष्टि की समस्त घास की आत्मा उसमें विद्यमान थी। उसे

दिखाते हुए वृद्ध कलाकार ने कहा, "यह है मेरा जवाब। यहाँ मैंने ब्रह्मा की बराबरी की है, क्योंकि यह मैंने अमरत्व को हर लिया है, कलाकार जीवन के उदात्त रूप को सौंदर्य और कला में देखता है।

प्राचीन युग में कला की दो प्रमुख धाराएँ थीं—एक एशिया की, दूसरी यूरोप की। ग्रीकों के समय से ही यूरोप की कला यथार्थवादी रही। कलाकार जो देखता था, उसे हू-बू-हू वैसा ही बनाता था। कहानी प्रसिद्ध है कि फूल का चित्र देखकर भौंरा उसे वास्तविक फूल समझकर उस पर बैठने लगा। इतना यथार्थ चित्रण होता था उन दिनों। तभी आज से कोई सवा सौ साल पहले कैमरा का आविष्कार हुआ। जिस चित्र को कलाकार महीनों की मेहनत से तैयार करता था, कैमरा उसे चंद मिनटों में बनाने लगा। जिसे बनाने के लिए कलाकार हजारों पाउंड लेता था, फोटोग्राफर उसे थोड़े से पाउंड में बना देता था। यूरोप के कलाकारो में हड़कंप मच गया। अब यथार्थवादी शैली का सबसे बड़ा कलाकार हो गया कैमरा।

यूरोप के कलाकारों को यथार्थवादी शैली छोड़ने पर मजबूर होना पड़ा। उन्होंने बड़े आश्चर्य से देखा कि एशिया के कलाकारों का कैमरा कुछ भी बिगाड़ नहीं पाया है, क्योंकि उनकी कला यथार्थवादी थी ही नहीं। एशिया का कलाकार मानो कह रहा था—सृष्टि की नकल न करो, अपनी खुद की सृष्टि करो। मन की आँखों से देखो, कल्पना करो, फिर उसे साकार करो।

एशिया का कलाकार खुश था कि कैमरा के आने से उसे कोई फर्क नहीं पड़ा, लेकिन थोड़े ही समय में एक मैजिक कार्पेट आई। इससे उसे भी अपनी शैली पर फिर से सोचने पर मजबूर होना पड़ा, जो काम कैमरा नहीं कर पाया था, वह इसने किया। उस मैजिक कार्पेट का नाम है, हवाईजहाज और इसने एशियाई कला की नदी की धारा ही बदल दी।

हवाईजहाज के आने से दुनिया सिमट-सिकुड़कर छोटी हो गई। एक देश के कलाकार दूसरे देशों को जाने लगे। ऐसी स्थिति में एक देश की कला से प्रभावित हुए बगैर नहीं रह सकती। अब किसी देश की कला दूसरे देश की कला से निरपेक्ष नहीं रह सकती। यूरोप का कलाकार नई राहें खोज रहा था, नए प्रयोग कर रहा था, नए विषयों को नए रूपाकारों को तलाश रहा था,

उसकी इस छटपटाहट को हवाईजहाज से एशिया के कलाकारों के दरवाजे पर लाकर रख दिया। तब एशिया के कलाकारों ने अनुभव किया कि मुझे भी अपना डेढ़-दो हजार वर्ष पुराना मार्ग बदलकर नई राहें तलाशनी होंगी। मैं किसी टापू पर नहीं रहता हूँ। मुझे भी दुनिया के कदम-से-कदम मिलाकर चलना होगा, नहीं तो मैं प्रवाह से बाहर फेंक दिया जाऊँगा। कला की धारा को प्रवाहित होते रहना चाहिए, नहीं तो उसमें सड़ायँध आ जाएगी। मानव-प्रकृति प्रतिदिन एक ही चीज देखते-देखते ऊब जाती है।

और एशिया के कलाकारों ने भी अपने आपको नई परिस्थिति के अनुरूप ढाला। आधुनिक कला का प्रधान स्वर है—मौलिकता और नवीनता। नए माध्यम नए प्रयोग, नए रूपाकार, नए विषय जरूरी नहीं कि इसमें जो कुछ हो, वह अच्छा ही हो, लेकिन नए ढंग से सोचना, नए ढंग से गढ़ना, अपने आप में एक स्वस्थ लक्षण है। किसी कौम की जीवंतता का प्रमाण है। निस्संदेह इसमें बहुत सा कूड़ा-कर्कट भी आ जाएगा, लेकिन कुछ समय बाद वह कूड़ा अपने आप पीछे छूट जाएगा और अंत में निखरकर कला का स्वच्छ जल बचा रहेगा।

हर कलाकार की अपनी छाप होनी चाहिए। वही उसकी निजता होती है, उसकी पहचान होती है। हर कलाकार की कलाकृति को उसके हस्ताक्षर की तरह होना चाहिए। हमें आज की शैली और आज के मुहावरे में अपनी बात कहनी होगी। तभी वह स्वीकृत और सम्मानित होगा। मौलिकता कला की अनिवार्य शर्त है। अब कला को किसी एक ही दिशा में हाँका नहीं जा सकता। रचना की शैली अथवा विषय-वस्तु अगर पिटे-पिटाए होंगे, तो लोग उसकी ओर देखेंगे तक नहीं। जीवंत कला गतिशील होती है और जरूरत पड़ने पर नदी की तरह अपने पाट को बदलने की क्षमता भी उसमें होती है।

विद्युत् का आविष्कार फैराडे ने किया था। वह उसका जनक था, लेकिन आज अगर कोई इलेक्ट्रिसिटी के बारे में जानकारी प्राप्त करना चाहेगा, तो फैराडे की किताब नहीं पढ़ेगा। इस विषय पर जो नवीनतम पुस्तक उपलब्ध होगी, उसे पढ़ेगा। कारण स्पष्ट है। आज का विषय इलेक्ट्रिसिटी से बहुत आगे निकल चुका है। आज इस विषय पर इतनी जानकारियाँ उपलब्ध हैं कि खुद फैराडे चकित रह जाएगा। विज्ञान में निरंतर प्रगति होती रहती है। विज्ञान चलता

थोड़े ही है, वह तो निरंतर भागना रहता है। आज कोयला है, कल पेट्रोल है, परसों डीजल, फिर बिजली, सौर ऊर्जा, पवनचक्की, जल-विद्युत् विज्ञान की रफ्तार बहुत तेज होती है। रोज नए नए आविष्कार होते रहते हैं। विज्ञान युग में चीजें बहुत जल्द पुरानी पड़ जाती हैं।

कला अथवा साहित्य में प्रगति नहीं होती। उसमें चीजें पुरानी नहीं होतीं। पंद्रह या शायद बीस हजार बरस पहले बने प्रागैतिहासिक चित्र आज भी पुराने नहीं पड़े। हम आज भी उन्हें बड़े चाव से रखते हैं। कोई चार या पाँच हजार साल पहले लिखे रामायाण-महाभारत आज भी खूब पढ़े जाते हैं। गीता का तो कहना ही क्या। कला में, साहित्य में, जो भी सार्थक सृजन होता है, वह नित्यनूतन होता है। वह आउटडेटेडे नहीं होता।

कला से अमरत्व का स्पर्श इसलिए भी होता है, क्योंकि महान् कला अजर-अमर होती है। हजारों वर्ष बीत जाने के बाद भी वह जिंदा रहती है। कारण यह है कि कलाओं का संबंध मुख्य रूप से हृदय से होता है। हृदय के भावावेश—हर्ष-शोक, आशा-निराशा, विषाद-वेदना, हर्षोल्लास, क्रोध-ईर्ष्या आदि—आज भी वही हैं, जो हजारों वर्ष पूर्व थे। हमारी भावनात्मक आवश्यकताएँ सदा वे ही रहती हैं—चाहे आदिमानव हो, चाहे आधुनिक मानव विज्ञान का संबंध मस्तिष्क से है। मनुष्य का हृदय नहीं बदला, लेकिन मस्तिष्क इतना बदल गया है, इतना आगे निकल गया है कि दोनों के बीच कोई तुलना नहीं हो सकती। आज का मानव भी उन्हीं भावों से स्पंदित होता है, जिनसे आदिमानव हुआ था, किंतु जहाँ तक मस्तिष्क का सवाल है, आज के मानव और प्रागैतिहासिक मानव में जमीन-आसमान का अंतर है। आदिमानव के पास विज्ञान था ही नहीं, और अगर था तो इतना अल्प कि आज हमारे पास जो विज्ञान है, उसकी तो वह कल्पना तक नहीं कर सकता। इसलिए विज्ञान में होती है प्रगति। कला में होती है वृद्धि। विज्ञान में प्रगति होती है, लेकिन वहाँ कोई नहीं कहता कि मैं प्रगतिशील वैज्ञानिक हूँ। साहित्य में प्रगति नहीं होती, लेकिन यहाँ लोग कहते हैं कि मै प्रगतिशील साहित्यकार या चित्रकार हूँ। जहाँ प्रगति होती, वहाँ कोई कहता नहीं है। जहाँ नहीं होती है वहाँ लोग कहते हैं।

एक बार कन्हैया ने कहा कि माँ, अब मैं बड़ा हो गया हूँ। मुझे बिना

लोरी के ही नींद आ जाएगी। तुम नाहक परेशान हो रही हो। तो यशोदा ने कहा कि तुझे तो नींद आ जाएगी, लेकिन जब तक लोरी नहीं गाऊँगी, मुझे नींद नहीं आएगी। कवि जब तक कविता नहीं लिखेगा, चित्रकार जब तक चित्र नहीं बनाएगा, उसे नींद आएगी। यह सब वह अपने आनंद के लिए कर रहा है, स्वान्तः सुखाय कर रहा है।

किंतु मैं यह भी मानता हूँ कि जो एक का आनंद है, उसे दूसरों का आनंद भी होना चाहिए। कला का आरंभ स्वान्तः सुखाय हो, लेकिन समापन बहुजन सुखाय हो। पागल जो हरकतें करता है, तो इस पागलपन में उसे आनंद तो मिलता ही होगा, लेकिन इससे दूसरों को आनंद नहीं मिलता। अतः वह कला या सृजन नहीं हुआ। उसके संप्रेषण को व्यापक होना चाहिए। राबर्ट फ्रॉस्ट ने कहा था—Poetry begins in delight and ends in wisdom. यह जो डिलाइट है, वह है स्वान्तः सुखाय और जो विज्जडम है, वह है बहुजन सुखाय, शब्द अलग-अलग हैं, लेकिन भाव एक ही है।

एक बार मैं नर्मदा परिक्रमा में जा रहा था। पीछे से मोटर-साइकिल पर एक ग्रामीण निकला। हमें देखकर रूक गया। पूछा, क्या आप परिक्रमा में हैं? मेरे 'हाँ' कहने पर बोला, सामने जो गाँव दिखाई देता है, मैं उसी में रहता हूँ। कृपा कर मेरे घर पधारें। उसके आग्रह को हम टाल न सके। उसके घर गए। बड़ी आवभगत की। मैंने कहा—रोज कितने ही परक्रमावासी निकलते हैं, तुम उनकी सेवा करते-करते थक नहीं जाते? कहाँ तक सदाव्रत दोगे। उसने कहा—कोई कितना ही गरीब क्यों न हो, अपने परिवार के सदस्यों का पेट तो पालता ही है। परक्रमावासियों को हम अपने परिवार का सदस्य मानते हैं। उनकी सुख-सुविधा का ध्यान रखना हमारा फर्ज है, क्योंकि हमारा विश्वास है कि आपकी परिक्रमा में हमारा भी हिस्सा है।

नर्मदा-तट के उस ग्रामीण की परक्रमावासियों के प्रति जो भावना थी, वही भावना एक जीवित समाज की अपने कलाकारों के प्रति होनी चाहिए। समाज को अपने कवियों-कलाकारों से कहना चाहिए कि आपकी देखभाल करना, आपकी सुख-सुविधा का ध्यान रखना हमारा फर्ज है। आप हमारा ही काम कर रहे हैं।

प्राचीन इटली में एक कवि थे। अत्यंत लोकप्रिय किंतु नितांत गरीब। कृतज्ञ देशवासियों ने अपने इस लाड़ले कवि की संगमरमर की मूर्ति स्थापित करने का निर्णय लिया। पर्याप्त धन भी एकत्र हो गया। कवि को जब इसका पता चला तो उन्होंने कहा कि वह धन मुझे दे दोगे, तो मैं खुद ही चौराहे पर खड़ा हो जाऊँगा। ऐसा न हो कि हम अपने जीवित कलाकारों की उपेक्षा करें और मर जाने पर उनकी मूर्तियाँ स्थापित करें। प्रशंसा से मुरदे जीवित नहीं होते।

□

राष्ट्रीय एवं सामाजिक चुनौतियों के समाधान में कला की भूमिका

✍ डॉ. योगेंद्र प्रताप सिंह

सृष्टि का प्रत्येक कण कलात्मक है। प्रकृति का प्रत्येक पक्ष कला से परिपूर्ण है। संसार में सजीव और निर्जीव सभी में कला का वास है। पहाड़ों का अपना सौंदर्य है। समुद्र का अपना संकेत है। नदियों का अपना संगीत है। इसी प्रकार मानव ही सभ्यता के प्रथम चरण से कला के साथ विकसित होता रहा है। कलाओं में मानव को सुसंस्कृत किया तो मानव ने भी कलाओं को परिष्कृत किया। मानव और कला में अटूट संबंध है। भारत की संस्कृति विश्व में इसलिए भी विशिष्ट है कि यहाँ कलाओं का विकास क्रमिक और बहुआयामी हुआ है। प्राचीन काल से कला के सभी क्षेत्रों में कला की समृद्ध विरासत भारतीय संस्कृति की विरासत और पहचान है।

'कला जीवन के लिए' अथवा 'कला, कला के लिए' यह विषय निरंतर मनीषियों को चिंतन के लिए भूमिका प्रदान करता रहा है, परंतु जब हम राष्ट्रीय एवं सामाजिक चुनौतियों के परिप्रेक्ष्य में कला के समाधान की भूमिका पर विचार करते हैं, तब कला कला के लिए है, के साथ ही साथ वह जीवन के लिए भी है, यह बात पुष्ट होती है। कलाओं की सामाजिक और राष्ट्रीय भूमिका अत्यंत महत्त्वपूर्ण है। भारतवर्ष में आजादी के बाद कलाओं को भी विशेष राजनैतिक विचारधारा से स्वीकृत और बहिष्कृत किया गया। सांस्कृतिक संदर्भों के साथ कलाओं के विकास की भूमिका को नजरअंदाज करने से कला का सामाजिक

संदर्भ हाशिए पर पहुँच गया है। यह दुखद परंतु कटु सत्य रहा कि कलाओं को राष्ट्रीय और सामाजिक चुनौतियों के समाधान में कभी केंद्रीय भूमिका के रूप में स्थान नहीं प्राप्त हो सका है। वास्तविकता यह है कि कलाओं में सामाजिक और राष्ट्रीय चुनौतियों को स्वीकार करने और समाधान करने का अद्‌भुत सामर्थ्य है।

भारत की राष्ट्रीय चुनौतियों में यदि प्रमुख चुनौतियों पर विचार किया जाए तो आतंकवाद, नक्सलवाद, देशद्रोह, भाषावाद, क्षेत्रवाद प्रमुख समस्याओं के रूप में एक विशाल चुनौती बनकर हमारे सामने खड़े हैं। भौगोलिक भाषायी, राजनैतिक सामाजिक दृष्टि से देखने पर प्रथम दृष्टया भारत एक संपूर्ण विश्व का लघु रूप दिखाई देता है। विशाल देश में समुद्र, मरुस्थल, बर्फीली पहाड़ियाँ, घने जंगल, समतल भूमि आदि सबकुछ होते हुए भी भिन्न-भिन्न है, जो हमारी विविधता को प्रदर्शित करता है। एक क्षेत्र की भाषा दूसरी क्षेत्र की भाषा, खानपान, रहन-सहन, रीति-रिवाज, जलवायु से सर्वथा भिन्न है। इस भिन्नता को एकसूत्र में बाँधने का कार्य एक मात्र सांस्कृतिक परिदृश्य ही आधार है। कला और संस्कृति के माध्यम से ही भारत एक संपूर्ण भारत के रूप में हमारे सामने उपस्थित होता है। कला और संस्कृति के अतिरिक्त इतनी विभिन्नता विश्व के किसी भी देश में प्राप्त नहीं होती। उत्तर से दक्षिण तक, पूरब से पश्चिम तक प्रत्येक राज्य, प्रत्येक क्षेत्र, प्रत्येक निवासी के मन में वेद, पुराण, उपनिषद्, रामायण, गीता की सांस्कृतिक परंपरा एक भारतीय राष्ट्र के रूप में 'गर्वित' करती है। राम, कृष्ण, बुद्ध, महावीर जैन आदि पर आधारित सांस्कृतिक और साहित्यिक परंपराएँ भारतीय नाड़ी तंत्र में रक्त-संचार की भाँति हैं।

राष्ट्रीय चुनौतियों के समाधान में यदि कला की सार्थक भूमिका का चिंतन किया जाए, इसमें दो राय नहीं है कि एकमात्र कला के माध्यम से ही हम राष्ट्रीय चुनौतियों का समाधान कर सकते हैं। कला की भूमिका कई क्षेत्रों में, कई रूपों में उपयोग की जा सकती है। अखंड भारत तथा भारत के राष्ट्र के रूप में विश्व में विशिष्ट माने जाने का मानवीय बोध इस बात से प्रारंभ होता है कि हम वेद, पुराण, उपनिषद्, रामायण व गीता के देश के वासी हैं। विश्व में भ्रमण करते समय कई विदेशी विद्वानों से मेरा संपर्क हुआ और जब हमें अपनी गरीबी, टूटी सड़कें, कमजोर संसाधनों पर यूरोप-अमेरिका के भौतिक विकास के कारण

संकोच उत्पन्न होता रहा, तब उन विदेशी विद्वानों ने कहा कि जिस देश की थाती रामायण, गीता, वेद और पुराण हैं, वह देश कभी गरीब नहीं हो सकता। उन्होंने आगे यह भी कहा कि आपके देश ने कभी भौतिक विकास को विकास का पैमाना नहीं माना, इसलिए आप भौतिक विकास में पीछे रहे, परंतु यदि जीवन में प्रसन्नता एक पैमाना हो तो अनेक अभाव में भी आपके देशवासी प्रसन्न हैं। कलाओं के प्रदर्शनकारी, प्रदर्श रूपों के माध्यम से सदियों से हम एक साथ बैठते हैं और अपने सुख-दुख को बाँटते हुए फिर नई ऊर्जा प्राप्त कर नए सिरे से कार्य के लिए जुट जाते हैं।

राष्ट्रीय चुनौतियों के समाधान में यदि कला की भूमिका की सार्थकता को वर्तमान संदर्भों में क्रियान्वित करना हो तो सबसे पहले भारत के सभी क्षेत्रों के निवासियों को एक-दूसरे क्षेत्र में आदान-प्रदान के विभिन्न आयोजन गहनता, आत्मीयता और संवेदनशीलता के साथ प्रारंभ किए जाने चाहिए। चार मठों की स्थापना करते समय जब शंकराचार्य जी ने यह परिकल्पना की होगी कि उत्तर और दक्षिण, पूरब और पश्चिम के निवासी एक-दूसरे से सघनता और सहजता से मिल सकें, तब हम आज ऐसी योजनाएँ क्यों नहीं संचालित कर सकते। राष्ट्रीय स्तर पर कलाओं की भूमिका को स्थापित करते हुए केवल शहरी क्षेत्रों तक उन्हें सीमित कर दिया गया, ऐसी परियोजनाएँ, योजनाएँ बनाई जानी चाहिए, जिससे एक क्षेत्र का आखिरी आदमी दूसरी क्षेत्र के आखिरी आदमी से सहजता से मिल सके। एक छोटे से उदाहरण से इसे स्पष्ट किया जा सकता है कि अयोध्या के राम दक्षिण में कोदंडधारी राम बनकर तमिलनाडु, केरल, कर्नाटक, आंध्र के घरों में, मंदिरों में, परंपराओं में अत्यधिक विद्यमान हैं, जबकि दक्षिण के हनुमान दक्षिण से ज्यादा उत्तर भारत सहित भारत के अन्य क्षेत्रों में अपनी जीवंत उपस्थिति दर्ज कराते हैं। इलाहाबाद लोक सेवा आयोग में परीक्षा देनेवाला प्रत्येक छात्र उस दिन निकट के हनुमान मंदिर में श्रृद्धा सुमन अर्पित करने अवश्य जाता है। यदि आप इलाहाबाद-वाराणसी में किसी का पता हनुमानजी के मंदिर और पीपल के पेड़ से खोजना प्रारंभ करें तो शायद आपको पता नहीं मिल सकेगा, क्योंकि प्रत्येक सड़क पर हनुमानजी का मंदिर और पीपल का पेड़ मिलेगा। भारतीय सांस्कृतिक परंपरा की यह विशाल थाती हमारे पास उपलब्ध है, जिन्हें हमें नए रूपों में नए माध्यमों

से नई तकनीक से पुन: नई पीढ़ी के लिए प्रस्तुत करना है।

राष्ट्रीय चुनौतियों में आतंकवाद, नक्सलवाद, क्षेत्रवाद, भाषावाद सब एक झटके में समाप्त हो सकते हैं, यदि हम कला के सभी माध्यमों-स्थापत्य, मूर्ति, चित्र, संगीत, साहित्य, उपयोगी, प्रदर्श और प्रदर्शनकारी से नए संदर्भों में, नए माध्यमों से नई पीढ़ी के लिए कार्य योजना बनाते हुए कारवाई करें। वर्तमान में तकनीकी का विकास जहाँ अनेक समस्याओं की जननी है, वहीं तकनीक के सहयोग से हम कई अनेक समस्याओं का समाधान भी कर सकते हैं। आज भाषाओं के अनुवाद की कोई समस्या नहीं है। ऐसे सॉफ्टवेयर बन चुके हैं, जिनसे एक क्षण और क्लिक में सभी भारतीय 22 भाषाओं में पूरा साहित्य अनुवादित हो सकता है। इंडोनेशिया और मलेशिया में मुसलिम भी राम को अपना पूर्वज मानते हैं। उनका मानना है कि जब हमने इसलाम धर्म नहीं स्वीकार किया था, तब हमारे पूर्वज राम थे। यह मॉडल भारतवर्ष में भी लागू हो सकता है। इस देश में रहनेवाले प्रत्येक व्यक्ति का धर्म भिन्न भले हो सकता है, परंतु हमारे सब के पूर्वज राम हैं। राम ने कोई धर्म चलाया। राम का असली धर्म था— मानव धर्म। वह मानव धर्म जो सामाजिक संबंधों के साथ-साथ राष्ट्रीय भूमिका को भी संयमित करता है। राम को पूर्वज मानने के लिए कला के सभी माध्यमों का प्रयोग करते हुए स्कूलों से लेकर विश्वविद्यालयों तथा सभी क्षेत्रों में सार्थक प्रयास किए जाने चाहिए, जिससे आतंकवाद जैसी गंभीर राष्ट्रीय समस्या का सुलभ समाधान मिल सकता है। इंडोनशिया, मलेशिया, थाईलैंड एवं कंबोडिया में कोई भी आतंकवादी, नक्सलवादी घटनाएँ नहीं होती, क्योंकि सबके पूर्वज राम हैं और राम के मानवीय मूल्य सबको साथ लेकर चलने में विश्वास करते हैं।

लार्ड मैकाले ने 19वीं शताब्दी के प्रारंभ में ब्रिटिश पार्लियामेंट में भारत के धर्म दर्शन, शिक्षा और आर्थिक स्थिति के संबंध में जो वक्तव्य दिया था, वह एक लैंडमार्क के रूप में यदि माना जाए, तब मैकाले ने जो भारत देखा था, वह 19वीं शताब्दी का भारत और मैकाले की शिक्षा व्यवस्था लागू करने के बाद योजनाबद्ध रूप से भारत के सामाजिक, आर्थिक, शैक्षिक और दार्शनिक स्वरूप को छिन्न-भिन्न करते हुए जिस भारत का विकास किया गया, वह 21वीं शताब्दी तक पहुँचते-पहुँचते किस रूप में हो गया है, सहसा विश्वास नहीं होता।

सामाजिक चुनौतियाँ यदि गंभीर हैं तो उनके प्रयास भी अत्यंत गंभीरता से किए जाने चाहिए। समाज में आपस में संवादहीनता का होना ही चुनौतियों का सबसे बड़ा कारण है। संवाद हर समस्या का सार्थक समाधान है। संवाद के लिए सबसे कारगर, रचनात्मक, लालित्यपूर्ण और महत्त्वपूर्ण माध्यम है कला। कला हमारे देश की, हमारे समाज की एक पहचान है। चौपाल में बैठकर पुरुष अपनी समस्याओं को आपस में बाँटते हैं तो घरों में तीज-त्योहार के साथ-साथ व्यक्तिगत उत्सवों में भी महिला-पुरुष, बच्चे-बूढ़े एकत्र होकर एक नई ऊर्जा प्राप्त करते हैं। भौतिक विकास ने संवादहीनता का ऐसा कुचक्र चलाया कि घर में रहते हुए भी पति-पत्नी, बच्चे एकाकी हैं। संयुक्त परिवार और समाज शिक्षा और संस्कार की प्राथमिक पाठशाला थी, जो समाप्त हो चुकी है। एकल परिवारों के साथ अब लिव-इन रिलेशन तक की परंपराएँ हमारे समाज में स्थापित हो रही हैं। वृद्धाश्रम की संख्या बढ़ रही है। इन सबके साथ बढ़ती जनसंख्या और गरीबी ने सामाजिक चुनौतियों को और भी विकट बना दिया है। बड़े-बड़े कारखाने लगाए नहीं जा सकते। बहुत अधिक ऊर्जा, बिजली संसाधनों से जो आउटपुट मिलता है, वह अत्यंत क्षीण है। कंप्यूटरीकरण के कारण कम मानव श्रम से अधिक कार्य लिया जा सकता है। ऐसे में जनसंख्या की वृद्धि, जिसमें युवकों का प्रतिशत अधिक है, वह हमारे लिए उपयोगी न होकर बोझ बन रहा है और यही युवकों की भीड़ अनेक समाज विरोधी कार्यों में लिप्त होकर केवल समाज को ही नहीं, पूरे राष्ट्र को कलंकित कर रहा है।

हस्तशिल्प कला का विकास तेजी से तथा प्रत्येक गाँव तक किया जाना अत्यंत आवश्यक है। विदेश से आयातित 'कौशल विकास' शब्द के द्वारा हमने अपने देश के युवकों को रोजगार देने का प्रयास किया। यहाँ पहले से ही बच्चा अपने घर में जन्म से ही प्रशिक्षण प्राप्त करता है। प्राचीन भारतीय परंपरा में कर्म के आधार पर जातियाँ बनाई गई थीं और उन्हीं जातियों में कौशल विकास का प्रशिक्षण प्राप्त कर पीढ़ी-दर-पीढ़ी युवक कार्य करते हुए रोजगार प्राप्त करता था। दुर्भाग्य यह है कि आधुनिक भारत में जाति के आधार पर कर्म का निर्धारण किया जाने लगा।

एक बच्चा जिस जाति में पैदा होता है, वह उसी जाति सूचक शब्दों की

परिधि में जीवनपर्यंत घूमता रहता है। यदि कर्म के आधार पर व्यवस्थाएँ बनाई जाएँ तो कौशल विकास सहज ही जन्म से प्राप्त होगा। भारत में रोजगार सृजन के लिए हस्तशिल्प कला एक सर्वाधिक उपयोगी माध्यम हो सकती है, जिसमें परिवार के पारंपरिक ज्ञान को विकसित किया जाए और युवकों में यह विश्वास तथा स्थितियाँ उत्पन्न की जाएँ कि वे अपने पारंपरिक ज्ञान को अपने परिवार से प्राप्त कर विकसित करें। परिवार के पारंपरिक ज्ञान और विधा में सम्मान और धन प्राप्त न होने से युवक इधर-उधर भटकते हुए कौशल विकास के उन सतही आयोजनों में अपनी ऊर्जा समाप्त कर रहा है।

"कला और संस्कृति व्यक्ति और समाज को सहिष्णु और भावुक बनाती है, जबकि कला और संस्कृति विहीन व्यक्ति और समाज असहिष्णु और कठोर होता है।" इस दृष्टि से यदि देखा जाए तो उन क्षेत्रों, उन समाजों में सहिष्णुता और भावुकता है, जहाँ कला और संस्कृति का विस्तार है, अपेक्षाकृत उन क्षेत्रों से जहाँ कला और संस्कृति को विशेष स्थान नहीं प्राप्त हुआ है। इस चुनौती का सामना करने के लिए हमें दो स्तरों पर प्रयास करने होंगे। सर्वप्रथम उन क्षेत्रों और व्यक्तियों का चयन करना होगा, जो किसी-न-किसी रूप में कला और संस्कृति से जुड़े हुए हैं। उन्हें प्रोत्साहित करते हुए ऐसे व्यक्तियों और समाज में भेजना होगा, जो कला और संस्कृति से शून्य हो। मुझे एक बात हमेशा आश्चर्यचकित करती रही कि खेलों में ओलंपिक की प्रतियोगिता के साथ ही साथ प्रत्येक खेल की विश्व स्तरीय प्रतियोगिताएँ भी होती हैं, परंतु कला पर आधारित कोई ओलंपिक अथवा विश्व स्तरीय प्रतियोगिता तो जाने दीजिए, राष्ट्रीय, प्रादेशिक अथवा जिले स्तर तक में भी कोई प्रयास/आयोजन नहीं किए जाते। भारत एक कला और संस्कृति प्रधान देश है, परंतु सबसे हाशिये पर कला और संस्कृति ही है। खेलों में ओलंपिक अथवा विश्व स्तरीय प्रतियोगिताओं का मैं विरोधी नहीं हूँ, परंतु यूरोप और अमेरिका से इन प्रतियोगिताओं को इसलिए प्रोत्साहन मिलता है कि वहाँ कला और संस्कृति का कोई आधार ही नहीं है। ऐसे में मछली से तेज तैरना, घोड़े से तेज दौड़ना, जो पशु की विशेषताएँ हैं, उसी आधार पर मानव को मूल्यांकित करते हुए विश्व स्तर पर श्रेष्ठ सिद्ध कर पुरस्कार और सम्मान दिए जाते हैं।

यदि ओलंपिक और विश्व स्तर पर अथवा राष्ट्रीय या प्रादेशिक स्तर पर सघन सांस्कृतिक प्रतियोगिताएँ आयोजन की जाएँ तो निश्चित रूप से समाज में युवक-युवतियों का मेल-जोड़ बढ़ेगा और यह एक सार्थक परिणति होगी। वैश्विक, राष्ट्रीय अथवा प्रादेशिक स्तर पर सम्मान और सुविधाएँ प्राप्त कर न केवल एक कलाकार आगे बढ़ेगा, अपितु वह अपने समाज के युवक और युवतियों के लिए प्रेरणा का कार्य भी करेगा, जो अपने-अपने क्षेत्र में कार्य तो कर रहे हैं, परंतु प्रोत्साहन और सम्मान के अभाव में निराश नहीं तो खुश भी नहीं हैं।

कला और संस्कृति के माध्यम से जब हम सामाजिक चुनौतियों का सामना करेंगे, तब बेरोजगारी, जातिवाद, ऊँच-नीच के कोई मायने नहीं रह जाएँगे। स्वच्छता जो राष्ट्र की सबसे बड़ी चुनौती बन चुकी है, वह अत्यंत सहजता से समाप्त की जा सकती है।

निष्कर्षत: यह कहना अतिशयोक्ति नहीं है कि राष्ट्र और समाज के समक्ष खड़ी की गई प्रत्येक चुनौती का हम सकारात्मक रूप से मुकाबला केवल और केवल कला और संस्कृति के माध्यम से ही कर सकते हैं। बस आवश्यकता है सार्थक कार्य योजना बनाने की और निष्पक्ष तथा सकारात्मक रूप में उनके क्रियान्वयन की।

□

प्राचीन भारत में शब्दसंक्षेप कला का निरूपण

✍ *आचार्य भागीरथप्रसाद त्रिपाठी*
'वागरीश शास्त्री'

संप्रति हम सब लोग शब्दसंक्षेप जगत् में विचरण कर रहे हैं। प्रश्न उपस्थित होता है कि प्राचीन भारत में यह कला थी अथवा नहीं। संस्कृति वाङ्मय में प्रणववाचक ओम् शब्द विद्यमान था। अकार, उकार और मकार का यह संध्यक्षर है। विष्ण=अच्युत नाम का संक्षेप 'अ', उत्पलज ब्रह्मा का संक्षेप 'उ' और महेश्वर का संक्षेप 'म' अक्षर। ये इस प्रकार रूढ़ हो गए कि पश्चात् जनता इसे भूल गई। बृहदारण्यक उपनिषद् में 'द' वर्ण को दम, दया और दान का संक्षेप बताया गया है।

अक्षरमुष्टिका के दो भेद—अक्षरमुद्रा और भूतमुद्रा

कामसूत्र की जयमंगला व्याख्या के अनुसार शब्दसंक्षेप की यह प्रक्रिया प्राचीन भारत में अक्षरमुष्टिका और अक्षरमुद्रा के नाम से प्रसिद्ध थी। अक्षरमुष्टिका के दो प्रयोजन थे—1. गूढ़नीति की मंत्रणा (जिससे राष्ट्रविरोधी जन उसे न समझ सकें) और 2. ग्रंथों का संक्षेप।

आचार्य रविगुप्त ने अपने 'चंद्रप्रभा' काव्य में अक्षरमुष्टिका से संबद्ध एक पूरा-का-पूरा प्रकरण ही रचा था, किंतु दुर्भाग्य की बात है कि वह ग्रंथ आज उपलब्ध नहीं है। अक्षरों से जो शब्दों का आभास कराती है, वह

साभासा अक्षरमुष्टिका अक्षरमुद्रा कहलाती है। ग्रंथ और नामों का संक्षेपीकरण इसका उद्देश्य था। जिस अक्षरमुष्टिका में अक्षरों द्वारा शब्दों का आभास नहीं होता था, उस निराभासा अक्षरमुष्टिका को भूतमुद्रा कहते थे। इसका प्रयोजन गुप्तमंत्रणा थी। राजनीति और चौर्यशास्त्र में भूतमुद्रा का अवलंबन लिया जाता था। चौर्यशास्त्र के 'षण्मुखकल्प' ग्रंथ के उपलब्ध होने पर हमें इस भूतमुद्रा के विषय में अधिक जानकारी मिल सकेगी।

अक्षरमुद्रा का उपयोग ज्योतिष शास्त्र में होता था। आचार्य रविगुप्त ने अक्षरमुद्रा शब्दसंक्षेप कला का उदाहरण निम्नलिखित रूप में उपस्थित किया है—

मेवृमिकसिंतुवृधमकुंमी मूधसवांसुशकनिधक आव्या:।
फा चै वै ज्ये आ श्रा भा आ का मा पौ मा चैव॥

इस आर्या छंद के प्रथम चरंण में द्वादश राशियों का संक्षेप किया गया है—मे=मेष, वृ=वृष, मि=मिथुन, क=कर्क, सिं=सिंह, तु=तुला, वृ=वृश्चिक, ध=धनु, म=मकर, कुं=कुंभ औ मी=मीन। द्वितीय चरण में राशियों में लगन के बाद विशिष्ट संज्ञाओं का संक्षेप किया गया है—मू=मूर्ति, ध=धन, स=सहज, बां=बांधव, सु=सुत, श=शत्रु, क=कलत्र, नि=निधन, ध=धर्म, क=कर्म, आ=आय और व्य=व्यय।

तृतीय और चतुर्थ चरणों में बारह महीनों के नाम हैं—फा=फाल्गुन, चै=चैत्र, वै=वैशाख, ज्ये=ज्येष्ठ, आ=आषाढ, श्रा=श्रावण, भा=भाद्रपद, आ=आश्विन, का=कार्त्तिक, मा=मार्गशीर्ष, पौ=पौष और मा=माघ।

लगध प्रणीत वेदांग-ज्योतिष में शब्दसंक्षेप कला के पर्याप्त उदाहरण मिलते हैं। आपस्तंब गृह्यसूत्र (6,15,2) ज्योति शास्त्र संबंधी उदाहरण इस प्रकार हैं—

रोरेममृज्येचिषु वृद्धिरादौ ष्ठात्पे च वान्त्यश्रवणाश्वयुक्षु।
शेषेषु नाम्वो: कपरस्वरोऽन्त्य: स्वाप्वोरदीर्घस्सविसर्ग इष्ट:॥

रो=रोहिणी, रे=रेवती, म=मघा, मृ=मृगशिरा, ज्ये=ज्येष्ठा, चि=चित्रा, श्रव=श्रवण, श=शतभिषक, आ=आर्द्रा, इत्यादि। संगीत शास्त्र में अक्षरमुद्रा=शब्द संक्षेपकला का प्रकार इस तरह है—स=षड्ज, रि=ऋषभ, ग=गंधार, म=मध्यम, प=पंचम, ध=धैवत तथा नि=निषाद। इनकी यह संक्षेप परंपरा प्राचीन काल से

ही चली आई है। संगीतरत्नाकर के श्लोक द्रष्टव्य हैं—

सरी गमौ पधौ निश्च स्वरा इत्यादि संज्ञिताः।
चतुःश्रुतिसमायुक्ताः स्वराः स्युः समपाभिधाः।
रीणां गानां तथा मानां धानां नीनां च मेलने॥

कथा साहित्य में भी अक्षरमुद्रा का उपयोग हुआ है। श्लोक के चार चरणों का संक्षेप चार अक्षरों में हुआ है—अ.प्र.शि.ख.

अ=अनेन तव पुत्रस्य
प्र=प्रसुप्तस्य वनान्तरे।
शि=शिखामादाय हस्तेन
ख=खड्गेन निहतं शिरः॥

वैयाकरण धातु प्रत्यय से शब्द की व्युत्पत्ति करते हैं। अतः वे अक्षरमुद्रा कला से अनभिज्ञ रहे। शुदि वदि शब्द की व्युत्पत्ति का उन्होंने प्रयत्न किया। किंतु यह शु=शुक्ल, दि=दिवस और ब=बहल, दि=दिवस=बदि शब्दसंदेश है। मॉनियर विलियम्स महोदय भी शब्दसंक्षेप की कला से अनभिज्ञ रहे।

अक्षरमुद्रा में शब्द का संक्षेप प्रथम से किया जाता है, किंतु बृहत्संहिता में इसका अपवाद भी मिलता है। शब्द के माध्यम से दो अक्षरों का संक्षेप किया गया है—'अहोरात्र' का संक्षेप 'होरा' में पर्यवसित हो गया। तीन अक्षर के शब्द में प्रत्येक अक्षर संक्षेपीकृत हो गया। यथा मेखला शब्दसंक्षेप का विवरण इस प्रकार है—मेहनस्य=मे, खस्य=ख और माला=ला=मेखला (वर्धमानकृत गणरत्नमाला)। संवत् शब्द संवत्सर का संक्षेपीकृत रूप है।

शब्दसंक्षेप की यह प्रकृति तंत्रयुग में देखी जा सकती है। मेरुतंत्रप्रकाश के अनुसार 'हिंदु' शब्द संक्षेपीकृत है—

'हीनं च दूषयत्येव व हिन्दुरुच्यते प्रिये'
हीन=हिन्, दृयति=दु, दू=हिंदु, हिंदू।
बार्हस्पत्य शास्त्र के अनुसार—
हिमालयं समारभ्य यावदिन्दुसरोवरम्।
तं देवनिर्मितं देशं हिन्दुस्थानं प्रचक्षते॥

हिमालय=हि, इन्दु=न्दु=हिन्दु संक्षेप कल्पित किया गया है। कुछ विद्वानों ने शब्दसंक्षेप की इस प्रवृत्ति को अथर्ववेद (9,10,5) में ढूँढ़ने का प्रयत्न

किया है—'हिं कृण्वती.........दुहामश्विभ्याम्।' इस मत के हिं कृण्वती से हिं और दुहाम् से दु खींचकर हिंदु शब्दसंक्षेप की कल्पना की गई है। इस निबंध का विषय इतिहास पुष्ट शब्दसंक्षेप नहीं है। केवल प्रचलित शब्दसंक्षेपों के प्रकारों का वर्णन अभीष्ट है।

किसी शब्द के एक भाग का भी संक्षेप किया जाता है। सत्यभामा शब्द के पहले भाग को लेकर 'सत्या' और अंतिम भाग को लेकर 'भामा' संक्षेप किए जाते हैं। संगीत शास्त्र में 'शंकराभरण' राग का संक्षेप शंकरा कर दिया है। विहंगम राग का संक्षेप विहंगरा > विहंगड़ा कर दिया गया है। इसका अपभ्रंश विहागड़ा और 'विहाग' हो गया है।

अक्षरमुद्रा की शब्दसंक्षेप प्रवृत्ति का पल्लवन पाणिनीय व्याकरण में हुआ है, पाणिनीय अष्टाध्यायी (5,3,83) के अनुसार देवदत्त का संक्षेप देविल, देविक और देविय—तीन प्रकार से किया गया है। कात्यायन के मतानुसार दीर्घ शब्द का संक्षेप पूर्व या उत्तर शब्द के रूप में किया जा सकता है। यथा देवदत्त का संक्षेप 'देव' और 'दत्त' के रूप में होता है।

इस प्रकार शब्दसंक्षेप के पाँच प्रकार दिखाए गए हैं—

1. किसी शब्द का पहला अक्षर लेकर—स,रे,ग,म,प,ध,नि।
2. दो शब्दों का संक्षेप करके समस्त रूप से जोड़ देना—शुदि, बदि।
3. लंबे शब्दों का एक भाग के रूप में—शंकरा, सत्या+भामा, देव+दत्त।
4. शब्द के मध्यवर्ती अक्षरों का संक्षेप—होरा, मेखला।
5. श्लोक के प्रत्येक चरण का संक्षेप।

शब्दसंक्षेप के षष्ठ प्रकार का नाम है—प्रत्याहार। पाणिनीय व्याकरण का यह प्रकार शब्दसंक्षेपों की या वैज्ञानिक उपलब्धि संसार में चरम निदर्शन है। पाणिनि के पहले इस प्रत्याहार का अस्तित्व नहीं था। यह कला पहले विकसित नहीं हुई है। अक्षरमुद्रा प्रकार की अपेक्षा इसका वैशिष्ट्य है। पाणिनीय व्याकरण में किसी शब्दसमूह का प्रथम और अंतिम वर्ण मिलाकर प्रत्याहार बनता है। यथा—अइउण् ऋलृक्, इन दोनों शब्द समूहों का प्रथम 'अ' और अंतिम शब्द का 'क्' लेकर 'अक्' प्रत्याहार बन गया। संपूर्ण स्वरों का प्रत्याहार 'अच्' है। अइउण् ऋलृक् एओङ् ऐऔच्—इन चार शब्द समूहों का प्रथम वर्ण 'अ' और अंतिम वर्ण 'च्' मिलाकर 'अच्' शब्दसंक्षेप बन गया। हिंदी में हलंत

शब्द प्रसिद्ध है। यह शब्दसंक्षेप का ही प्रकार है। ऐसी प्रसिद्धि है कि पाणिनि ने हिमालय जाकर शिव की तपस्या की थी। उन्होंने प्रसन्न होकर चौदह बार डमरू का निनाद किया। पाणिनि को उससे चौदह सूत्रों का अनुगम हुआ। चौदह सूत्रों का पंचम सूत्र हयवरट् से 'ह' और अंतिम सूत्र हल् से 'ल्' लेकर 'हल्' प्रत्याहार बन गया। इसमें सभी व्यंजन वर्णों का समावेश हो जाता है।

इन शिवसूत्रों में पृथक् पाणिनि ने स्वयं ग्रथित सूत्रों के प्रत्याहार की रचना की है। सातों विभक्तियों का प्रत्याहार 'सुप्' है। कालवाचक आत्मनेपदी और परस्मैपदी के 18 प्रत्ययों का वाचक, तिङ् प्रत्याहार है। सूत्र के प्रारंभ में अक्षर ति और अंत में अक्षर ङ्—इस प्रकार तिङ् संज्ञा बना ली गई। प्रत्याहारों की कल्पना पाणिनि की अपनी ही देन है।

अक्षरमुद्रा का उपयोग अक्षरविन्यास में होता है। उससे छह प्रकार प्रदर्शित किए जा चुके हैं। अक्षरमुष्टिका का द्वितीय प्रकार है—भूतमुद्रा। इसमें संकेत के द्वारा अभिप्राय प्रकट किया जाता है। यह मुद्रा भूत=हाथ और अंगुलियों द्वारा बनाई जाती है। इसमें कवर्ग का संकेत कमल की आकृति वाली हाथ की मुद्रा से प्रदर्शित होता है। अंगुलियों से स्वरों का संकेत किया जाता है। इस प्रकार प्राचीन भारत में भूतमुद्रा का प्रयोग रहस्य छिपाने के लिए गुप्तचरों का सांकेतिक शब्दसंक्षेपात्मक होता था। अक्षरमुद्रा की तरह इसका लिखने के साथ कोई व्यवहार नहीं था।

शब्दसंक्षेपीकरण का यह विज्ञान चौंसठ कलाओं के अंतर्गत परिगणित होता होता था। भारतवर्ष में ईसा पूर्व तृतीय शताब्दी तक चतुषाष्टि कलाएँ पूर्ण रूप से विकसित हो चुकी थीं। उस समय सामाजिक जीवन के अनिवार्य शिक्षण-क्रम में इनका शिक्षण अपरिहार्य हो गया था। इसमें निपुणता प्राप्त हो जाने पर जीविका का प्रश्न स्वत: ही हल हो जाता था। चौंसठ कलाओं के अंतर्गत यह अक्षरमुष्टिका पैंतालीसवीं कला है। प्राकृत भाषा की लिपिविशेष 'अक्खरपुट्ठिया' के साथ इसकी तुलना की जा सकती है। भारतवर्ष में पद, वाक्य और श्लोकों के आद्य अक्षरों के साथ मुष्टिका की योजना को कलाविशेष माना जाता था। इस विषय के स्वतंत्र ग्रंथ इस समय उपलब्ध नहीं होते हैं। उनके उपलब्ध होने पर इससे भी अधिक विवरण दिया जा सकेगा।

□

चुनौतियों के समाधान में कलाश्री की भूमिका

✍ *अयोध्या प्रसाद गुप्त 'कुमुद'*

संसार की संस्कृतियों में भारतीय संस्कृति सर्वाधिक प्राचीन तथा समन्वयकारिणी है। विभिन्नता में एकता उसकी विशेषता है। देश की माटी में सोखने की गजब की शक्ति है। इस देश में अनेक आक्रमणकारियों ने संस्कृति का नष्ट करने की कोशिश की किंतु 'कुछ बात है कि हस्ती मिटती नहीं हमारी, वरना रहा है दुश्मन दौरे जहाँ हमारा'। यह कुछ बात श्रेष्ठ तत्त्वों को अपने में आत्मसात् करने की है। इसी से यह अपराजेय है। 'सर्वे भवन्तु सुखिनः सर्वे सन्तु निरामयाः' यही इसके दर्शन-चिंतन का प्राणतत्त्व है। 'आत्मा को परमात्मा' मानकर मानव मात्र में ईश्वर का दर्शन करना है। आध्यात्मिक विचार से आनंद की प्रतिष्ठा ही इसका लक्ष्य है।

आनंद का उत्स कलाओं में है। मा.के.सी. सुदर्शन के अनुसार संगीत, नृत्य और कला मानव जीवन के अस्तित्व में आने के समय से ही उसके आनंद-बोध, सौंदर्य-बोध एवं भावाभिव्यक्ति के माध्यम रहे हैं। भारत ही विश्व में मात्र देश है, जहाँ गुहा एवं वृक्षवासी मानव से लेकर परमात्मा के साथ एकाकार लेने तक की सभी स्थितियाँ वेदकाल से लेकर आज तक हर युग में एक ही समय सह-अस्तित्व करती आई हैं। कलाओं में जो सौंदर्य तत्त्व तथा रस है, वह व्यक्ति को भौतिकवादी संस्कृति से ऊपर उठकर मधुमति भूमिका में पहुँचा देता है। जहाँ आनंद-ही-आनंद तथा शांति है, कला-साधना करनेवालों

को कला–साधक कहा जाता है, उसका मन कला की साधना में प्राय: एकाग्र हो जाता है। पतंजलि के अनुसार, 'योगश्चित्तवृत्ति निरोध:'। चित्तवृत्ति का यह निरोध, यह एकाग्रता ही योग है। तात्पर्य यह कि कलासाधक योगी के समतुल्य हो जाता है। भारतीय चिंतन में कला कला के लिए नहीं, कला जीवन के लिए है। कलाएँ जीवन के साथ–साथ चलती हैं। वे परस्पर अन्योन्याश्रित हैं। समाज कलाओं का पोषण करता है, उन्हें बढ़ाता है तथा वे मानव मूल्यों का विकास करके सामाजिक–राष्ट्रीय समस्याओं के समाधान में अपना योगदान करती हैं।

भारतीय चिंतन में कलाविहीन व्यक्ति को पुच्छ तथा सींग विहीन पशु कहा गया है, संभवत: इसलिए कि मानव में संवेदनशीलता होती है। कलाएँ उस संवेदनशीलता को मानव–मूल्यों की ओर बढ़ाती हैं, संवेदनाहीन मनुष्य पशुतुल्य होता है।

कला का आनंद हमारे मन में है। मन:स्थिति ही सकारात्मक अथवा नकारात्मक सोच का निर्माण करती है। भगवान् बुद्ध ने धम्मपद में कहा है—

'जनो पुपंगा धम्मा मो से या मनोमय।
मनसा चे प्रसन्नेन भारतीय करोति का।
ततोजं सन्नभंवेति छाया व अनपामिनी।

अर्थात् मन सभी प्रवृत्तियों का अगुवा है, ये मन में ही उत्पन्न होती हैं। यदि कोई प्रसन्न मन से वचन बोलता है या काम करता है तो सुख उसका अनुकरण वैसे ही करता है, जैसे कि कभी साथ न छोड़नेवाली छाया। जब आनंद अथवा रात्रि प्रार्थना है तो वह सुध–बुध खो देता है। यही आनंद की चरममावस्था है। संगीत, नृत्य चित्र–दर्शन, नाट्य कोई भी विधा हो, उसका मन रमने लगता है। सारा जीवन सहज संगीतमय है, लोक संगीत की लय तथा माधुर्य से नवीन शक्ति का संचार होता है। स्नेहमयी शक्तियाँ देवी माँ के मुँह से निकली लोरियाँ बालक को मीठी नींद में सुला देती हैं। पथिक जब गुनगुन करते अपने गंतव्य की ओर जाता है, किसान जब फसल काटते या धान रोपते समय अकेले अथवा समवेत स्वर में गुनगुनाता है तो उस लय की एकरसता में थकान पता ही नहीं चलती है। तब कोई नकारात्मक भाव मन में पैदा नहीं होता। इस प्रकार कला सकारात्मकता प्रदान करती है तथा नवीन शक्ति प्रदायिनी है। क्षरण होते जीवन

में यह कला की श्रेष्ठतम उपयोगिता तथा प्रासंगिकता है। इन कलाओं के दो रूप हैं, एक विद्वानों तक सीमित, जिन्हें अमिहित की संज्ञा से श्रमिस्ति किया जा सकता है दूसरी वे, जिन्हें लोक ने तन-मन से अंगीकार किया है, सामूहिक उल्लास के क्षणों में उनके पैरों की थिरकन लोकनृत्य का स्वरूप ग्रहण करती है, लय लोकगीत बन जाती है, लोक की विराट् सामूहिक चेतना का माध्यम बन जाने से वह लोककला नाम से प्रचलित है।

रामकृष्ण परमहंस ने कहा था—कला गंगा की तरह पवित्र है। वह जब तक दोनों किनारों के बीच मर्यादित होकर प्रवहमान रहती है, वंदनीय है किंतु जब किनारे तोड़कर मर्यादा से बाहर हो जाती है, तो गंगा भी विनाशकारी हो जाती है, कला भी। सामाजिक उपयोगिता तथा उन्नयन में मर्यादित कलाएँ ही वंदनीय हैं।

भारतीय लोकमानस सदैव संगीतमय रहा है, हर्षोल्लास के विभिन्न अवसरों, तीज-त्योहार आदि पर गीत, गायन, वादन, नृत्य तथा गाथा एवं कथा वाचन की परंपराएँ रही हैं। भरतमुनि ने गीत गायन, वादन तथा नृत्य को नाट्य के अंतर्गत ही परिगणित किया है। हमारी यह परंपरा प्रचीनकाल या कहें कि वैदिक काल में प्रचलित थी।

वैदिक काल में उत्सव स्थल या मेलों को 'समण' कहा जाता था। समण में गायन, वादन तथा नृत्य की प्रस्तुतियाँ होती थीं। सुप्रसिद्ध इतिहासकार गावि आमस की पुस्तक 'दि म्यूजिक ऑफ ऋग्वेद' के अनुसार 'समण' ऋग्वेद काल में अत्यंत प्रभावशाली था। इसमें नृत्य, गायन और वादन तीनों का संचालन होता था। इस संगीत समारोह में सभी वर्ग के पुरुष तथा स्त्रियाँ सम्मानित होते थे। स्त्रियाँ खूब सजधजकर आती थीं। पुरुषों की अपेक्षा स्त्रियाँ प्राय: नृत्य में अधिक भाग लेती थीं। इस प्रकार 'समण' ने अच्छा संगीतमय वातावरण बनाया था। इसमें सभी कला-विधाओं का विकास हुआ था। एक अन्य विवरण के अनुसार, समण का मुख्य उद्‌देश्य वैवाहिक प्रयोजन था। विवाह के इच्छुक वर-वधू वहाँ नृत्य, गायन, वादन की प्रस्तुतियाँ देते थे। उनके आधार पर ही वर-वधू का चयन किया जाता था। अर्थात् उस काल में ललित कलाओं की सामाजिक उपयोगिता तथा प्रतिष्ठा थी। ऋग्वेद के शांखायन

ब्राह्मण के अनुसार ललित कला के सभी रूपों विद्रूप, नृत्य, गीत तथा वादन का विनाण प्राप्त होता है। तदनुसार—'त्रिवृ है वित्यं, नृत्यं गीतं वादिति मिति' (295, अथर्ववेद में भी उक्त विधाओं के वर्णन का मंत्र निम्नवत् है—

"यस्यां गायन्ति नृतन्ति भूम्यां मर्त्या व्यैनयाः।
युद्ध ध्यन्तो यस्माभ्राक्रन्दी यस्यं वदति दुन्दुभिः।

वैदिक युग में गाथा गायन की परंपरा भी मिलती है। सर्वप्रथम ऋग्वेद में 'वसुकी दान-स्तुति' मिलती है। गाथाओं में प्रेरक व्यक्तियों की स्तुति तथा चरित्र मिलते हैं। इनका प्रथम संग्रह 'गाथा-सप्तशती' मिलता है। गाथा गायकों को 'गाथी' कहा जाता था। 'सूत' 'शैलूष' तथा 'क्लीव' नामक जातियाँ गायक तथा नृत्यों से ही वृत्ति अर्जित करती थीं। कालांतर में इनका विकास चारणों ने किया। बुंदेलखंड में संप्रति 'हरबोले' तथा 'पटिया' नामक वर्ग द्वारा गाथाएँ गाई जाती हैं।

ऋग्वेद में अनेक प्रकार के वाद्यों तथा उनके निर्माण एवं वादन-विधि का वर्णन मिलता है, यथा कर्करी, वीणा (बाण), गर्गर, दुंदुभि, भूमि दुंदुभि, वंश शंख, बाकुर, तलव, नाडी आदि। वैदिक काल में सभी तंत्री वाद्य 'वीणा' कहलाते थे। उसके प्रकार बताने के लिए उसके पूर्व एक विशेषण लगा देते थे। यथा त्रितंत्रीवीणा, शततंत्री वीणा, श्रलावुवीणा आदि। इनके अंतर्गत आठ प्रकार की वीणाओं का उल्लेख मिलता है। प्राचीन वाद्यों के निर्माण हेतु वैदिक ग्रंथों का शोधपरक अनुशीलन अपेक्षित है। बौद्धधर्म ग्रंथ त्रिपिटक में सप्ततंत्री वीणा का उल्लेख मिलता है।

द्वापर युग में भगवान् कृष्ण के बाँसुरीवादन से निकले सुरों में ऐसी सम्मोहन क्षमता थी कि ब्रजबालाएँ तथा गोपादि उसी ओर खिंचे चले आते थे। पंजाब में बैसाखी आदि के मेलों में ढोलक की थाप और अरगोजा की गूँज पर लोग उस ओर नृत्य करते हुए आने लगते हैं। बुंदेलखंड में रमूला नामक एक वाद्य है। विवाहादि अवसरों पर बारात आते ही ज्यों ही वादन बजता है, लोग, नर-नारी, युवक-वृद्ध उस ओर बरात का वैभव तथा दूल्हा देखने दौड़ने लगते हैं। बालक आग्रह करते हैं—

बढ़बा बजन लगौ रमूतला
चलो देखिएँ दूला।

सैंधव सभ्यता काल में मुद्राओं, मूर्तियों आदि का नृत्य, ढोल तथा उत्सवों के शाक्ष्य मिलते हैं। मोहनजोदडो से अनेक नर्तकियों की मूर्तियाँ मिलीं, किंतु काँसे की एक मूर्ति में कटि प्रदेश पर हाथ रखे त्रिभंगी मुद्रा में नृत्योद्यत नर्तकी की प्रतिमा सौंदर्य का प्रतिमान मानी जाती है। देवगढ़ के गुप्तकालीन दशावतार मंदिर तथा जैन मंदिरों में नृत्य मंडलियों, वाद्यरत वादकों की मूर्तियों से गुप्त शासकों तथा बुंदेलखंड वासियों की नृत्य-संगीत एवं कलाप्रियता का पता चलता है। बाध की गुफाओं में भी नृत्य मंडलियों के दो चित्रलेख मिलते हैं। ऐसी मंडलियों में पुरुषों तथा स्त्रियों की सहभागिता उसकी सामाजिक स्वीकार्यता बताती है। पन्ना जिले के नचना में भी नृत्य-संगीत मंडलियों के चित्र हैं।

हरिवंश पुराण में सर्वप्रथम रास-नृत्य परंपरा के लेखक नृत्य का उल्लेख है, यह नृत्य परंपरा का प्राचीनतम उदाहरण है, जिसमें नर्तक एक घेरा बनाकर नृत्य करते हैं। माना जाता है कि इसी का परिवर्ती विकास 'रास-नृत्य' के रूप में मिला, जो पूर्व में असम, पश्चिम में द्वारिका तथा मध्य प्रदेश में, ब्रज में बहुतायत से मिलता है।

प्रसिद्ध इतिहासकार भीमलोचीन ने वैदिक युग में प्रचारित अनेक नृत्यों के नाम गिनाए हैं, यथा राजुलुनृत्य सकिल-नृत्य, प्रकृति नृत्य, पुण्य नृत्य। इनमें नट-नर्तक आदि रस्सी (डोरी) पर यह नृत्य करते थे। वैदिक काल में कन्या की चारित्रिक शुद्धता के लिए उसे नृत्य-संगीत तथा अन्य ललित कलाओं की शिक्षा दी जाती थी।

वर्तमान काल में नट-नर्तक तथा बेड़िया जाति के नर-नारी डोरी (रस्सी) पर चलकर नृत्य करते हैं। इनमें रस्सी किसी ऊँचाई पर दोनों ओर बाँध दी जाती है तथा बेड़नी इस रस्सी या डोरी पर चलकर नृत्य करती है। इस संदर्भ में बुंदेली कथा प्रचलित है। नलपुर (वर्तमान नखर) नामक राज्य के राजा ने एक घोषणा की कि यदि अमुक स्थान से उसके किले तक बँधी रस्सी पर बेडिनी नृत्य करके दिखाती तो वह अपना राजपाट उसे दे देगा। नर्तक गण यह नृत्य करने के पूर्व शस्त्रों को अभिमंत्रित कर देते हैं, ताकि रस्सी का उनकी धार रस्सी न काट सके। संयोग बना उस अवसर पर जब नर्तकी ने रजक मार्ग

का अधिकांश मार्ग नृत्य करते हुए पार कर लिया, तब राजा को अपने राजपाट जाने की चिंता हुई। उसने घोषणा की कि यदि कोई व्यक्ति उक्त रस्सी काट दे तो वह एक सहस्त्र स्वर्णमुद्राएँ इनाम में देगा। एक मोची (चर्मकार) आया तथा अपने चमड़ा काटनेवाले यंत्र 'दाँती' से रस्सी काट दी थी। डोरी कट गई तथा नर्तकी गिरकर मर गई। तब से नर्तकियाँ नटवर क्षेत्र में यह नृत्य नहीं करती हैं। इस पर एक कहावत चल निकली—

'नटवर चढ़ै न बेडनी, एरिच पके न ईंट।'

कला के इस विकास-क्रम में चित्रकला पर भी विचार किया जाए। मुनि वात्स्यायन ने चौंसठ कलाओं के जो पाँच वर्गीकरण किए हैं, उनमें चित्रकला को चौथे स्थान पर रखा गया है किंतु विष्णु धर्मोत्तर पुराण में चित्रकल्प (चित्रकला) सर्वश्रेष्ठ मानी गई है। उसे कलाओं में 'सुमेरू' की संज्ञा दी गई है तथा कहा गया है कि जिसका में कलाओं में श्रेष्ठ चित्रकला प्रतिष्ठित होती है, वहाँ धर्म, अर्थ, काम, मोक्ष तथा मांगल्य की प्राप्ति होती है—

कलानामं प्रवरं धर्म का मार्ग मोक्षदम्
मांगल्यं प्रथमं चैतद् ग्रहे यत्र प्रतिष्ठितम्॥

इस चित्रकला में भू-अलंकरण (रंगोली) को धूलिचित्र की संज्ञा दी गई है। चित्रकला का एक पौराणिक संदर्भ मिलता है कि द्वापर युग में भगवान् कृष्ण के पुत्र अनिरुद्ध को देखकर एक सुंदरी उषा उन पर मोहित हो गई तथा उसी से विवाह करने की ठान ली। किंतु अनिरुद्ध का कोई पता नहीं चला। उसकी चित्रकला सखी चंद्रलेखा ने उषा के बताए विवरण के आधार पर अनिरुद्ध का हू-ब-हू चित्र बना दिया। उसे देखकर उषा ने हर्ष में हो कहा बैठकर उषा में उड़ने की परीवत् क्षमता थी, वह उड़ गई तथा अनिरुद्ध को उसके महल से पलंग सहित सोते हुए उठा लाई। तब उनका विवाह हुआ।

अब मुख्य विचारणीय विषय यह है कि राष्ट्रीय एवं सामाजिक चुनौतियों के समाधान में कलाओं की भूमिका क्या है? इसपर विचार करने के पूर्व हमें प्रमुख सामाजिक समस्याओं तथा राष्ट्रीय व्यक्तिगत ऊर्जा का क्षरण हो रहा है, व्यक्ति तथा उसके माध्य से समाज एवं राष्ट्रीय ऊर्जा, नवीन शक्ति का जागना आवश्यक है। उक्त कारणों से आज मानसिक रोगों की संख्या

बढ़ रही है। मानसिक विवाद, अवसाद, घबराहट, तनाव, अनिद्रा आदि के रोगों में अकल्पनीय वृद्धि हो रही है। यह एक राष्ट्रीय ही नहीं, अंतरराष्ट्रीय चुनौती है। देश-विदेश के मनोवैज्ञानिकों तथा चिकित्सकों ने इस चुनौती का समाधान 'दि म्यूजिक थेरैपी' नामक नई चिकित्सा पद्धति द्वारा उन रोगों का उपचार ढूँढ़ लिया है। ललित कला में संगीत अब तक केवल मनोरंजन की विधा समझी जाती है, वह लोगों को इससे तनावमुक्त, अवसाद मुक्त किया जा रहा है। अनेक प्रयोगों के पश्चात् यह पाया गया कि संगीत की ध्वनियों से विभिन्न स्तरों पर उपचार संभव है। इसपर 'जर्नल ऑफ म्यूजिक थेरेपी' जैसी अंतरराष्ट्रीय शोधपत्रिकाएँ प्रकाशित हो रही हैं। इस प्रकार संगीतकला से एक सामाजिक चुनौती का समाधान हो गया है। एक और सामाजिक चुनौती संस्कारहीनता बढ़ने की है, इससे कर्मशीलता घट रही है, व्यक्ति कर्मबोध से कट रहा है, विवाह जैसी सामाजिक संस्थाएँ टूट रही हैं। भारतीय जीवन शैली संस्कार आधारित है। वाङ्मय संस्कारों के वर्गीकरणों से भरा पड़ा है। प्राय: षोड्ष संस्कारों की मान्यता सभी अंचलों में है। यह संस्कार लोकरीति के अतिरिक्त लोकसंगीत की धुन पर संस्कार गीतों के गायन से मनाए जाते हैं। उन ध्वनियों की गूँज गर्भ के पूर्व से जच्चा के कानों और उसके पश्चात् जच्चा-बच्चा दोनों तक पहुँचती है। उस गूँज से जो मानसिक विकास होता है, वह कर्म-बोध बढ़ाता है। महाभारत में अभिमन्यु का प्रसंग इसका अति चर्चित उदाहरण है कि उसने गर्भ में ही माता-पिता के वार्त्तालाप से चक्रव्यूह का भेदन सीख लिया था। यदि उन संस्कार सक्षम गीत-संगीत की गूँज कानों में गूँजती रहे तो न तो जच्चा भ्रूण-हत्या का विचार करेगी और न बच्चा अपने कर्मपथ से विचलित होगा। अपेक्षित मानवीय संस्कार उसके जीवन को समाजोपयोगी बनाएँगे। संस्कारशीलता समाज को उन्नत करेगी।

विवाह-संस्था टूटने में कारक है वर-वधू के विवाह में दोनों पक्षों की पृष्ठभूमि अथवा अभिरुचि जाने बिना जल्दबाजी में किए गए विवाह। युवक-युवती ने आँखें चार कीं, पार्कों का रोमांस विवाह में बदल गया। यदि वैदिक काल के 'समण' जैसे उत्सव में इन कला-विधाओं की अभिरुचि तथा उनकी पृष्ठभूमि पूर्व में ज्ञात हो तो ऐसे प्रसंग न घटें। सर्वेक्षक बताते हैं कि अपराध

के क्षेत्र में कलाप्रिय लोगों की सहभागिता अपेक्षाकृत कम पाई जाती है। प्राचीन काल के समाज में विवाह-विच्छेद की घटनाएँ प्राय: नहीं ही मिलती थीं। विवाह जीवन के लिए ही नहीं, जन्म-जन्मांतरों के लिए होता था। आज पूर्व समझ न होने के कारण दंपती का काफी समय अवसाद तथा तनाव में बीतता है, अंतत: विवाह विच्छेद, उसके बाद पुन: एक समस्या नए विवाह की।

नाट्यविद्या केवल मनोरंजन की वस्तु नहीं है, वह जीवन बदलते समाज को बदलने तथा मानव-मूल्यों के पुनर्स्थापना में सहायक है। दृश्य-श्रव्य विधाएँ मनोपरिवर्तनकारी होती हैं। महात्मा गांधी ने अपनी आत्मकथा में लिखा है कि उन्हें सत्य बोलने की सीख 'सत्यवादी हरिश्चंद्र' नाटक देखने से मिली थी। सत्य के प्रयोगों से उनका ही नहीं, देश का भाग्य बदल गया। इस संदर्भ में एक नाटक 'नीलदर्पण' विशेष उल्लेखनीय है। श्रीमित्रा द्वारा लिखित इस नाटक में नील की खेती करनेवाले किसानों पर अंग्रेज अधिकारियों के बर्बर अत्याचारों की कथा है। उसे देखकर दर्शक उत्तेजित तथा आक्रोशित हो जाते थे। उस नाट्य-प्रदर्शन को देखकर अनेक स्थानों पर अंग्रेज अधिकारियों के विरुद्ध विद्रोह आंदोलनों में बदल गया। परिणामस्वरूप अंग्रेजी सरकार ने नीलदर्पण का मंचन प्रतिबंधित कर दिया था। तात्पर्य यह कि दृश्य-श्रव्य कला-विधाएँ समाज की मानसिकता बदलने में सक्षम होती हैं।

ओजस्वी कविताएँ सुनकर श्रोताओं की बाँहें फड़कने लगती हैं। 'आल्हा' ऐसा ही ओजस्वी लोककाव्य है कि वह श्रोताओं में गजब की शक्ति और ओज भर देता है। सुप्रसिद्ध साहित्यकार, कृष्णायन के रचनाकार तथा मध्य प्रदेश के मुख्यमंत्री का यह कथन अत्यंत सटीक है कि आल्हा की ओजभरी वाणी अपने मूल रूप में न सही, अपनी जीवनचर्या तक में हँसने, गाने और ओज से नाच उठने की प्रेरणा देती है और एक बार को तो व्यक्ति को उठकर खड़े हो जाने की प्रेरणा देती है।

छत्रपति शिवाजी तथा उनकी माता जीजाबाई का प्रसंग आजा है। माँ जीजाबाई बचपन में शिवाजी को वीरों तथा महापुरुषों की कहानियाँ सुनाया करती थीं। इसका महज प्रभाव शिवाजी के मनोमस्तिष्क पर पड़ा तथा उनमें उच्चादर्श, जीवन-मूल्य तथा शौर्य की भावना भर गई। परिवारों में व्रत-कथाएँ

सुनते-सुनाते महिलाएँ धर्मभीरू हो जाती हैं, वे कुछ भी गलत कार्य करने से डरती हैं। सत्कार्य करने पर कथा के अंत में प्रायः लोकमंगल का भाव इन शब्दों में इस प्रकार आता है—'भगवान् ने जैसी इनकी सुनी, सबकी सुने। गलत काम करने पर बुरा ही होता है। इससे सभी गलत काम करने से प्रायः डरते हैं। रामायण तथा भागवत कथा, प्रवचन आदि में प्रभावी ढंग से कही गई बातें रचनात्मक समाज के निर्माण में महत्त्वपूर्ण भूमिका अदा करती हैं।

लोकशिल्प की दृष्टि से अनेक कलाएँ ऐसी हैं, जिनसे लाभान्वित होकर देश-विदेश में अनेक जनोपयोगी आविष्कार हुए। उनमें एक प्लास्टिक सर्जरी की उपविधा 'हिनोप्लास्ट्री' है, यानी नाक कट जाने या असुंदर होने पर उसके स्थान पर हूबहू वैसी ही सुंदर तथा घ्राणशक्तिवाली नाक का प्रत्यारोपण। काँगड़ा (हिमाचल प्रदेश) में 'नकेट्टड़े' नामक जाति को इस कला में महारत हासिल है। मैक्समूलर ने 'भारत से क्या सीखें' पुस्तक में लिखा है, 'हिनोप्लास्ट्री विद्या यूरोप के डॉक्टरों ने महारानी विक्टोरिया के काल में भारत के सर्जनों से सीखी है।' भारत में विज्ञान की उज्ज्वल सुझाव (लेखक सुरेश सोनी) तथा 'इसीलिए हमारा भात महान' (लेखक बाला सत्यनारायण मौर्य) ने इन ग्रंथों में अनेक ऐसी प्राचीन भातरीय ऋषियों द्वारा खोजी गई कलाओं/विद्याओं, ज्योतिष, आयुर्वेद, धतु विज्ञान, रसायन-विज्ञान, यांत्रिकी का उल्लेख किया है जो मानवता को लाभान्वित कर रही है। इनमें अनेक आविष्कारों का श्रेय विदेशी वैज्ञानिक ले रहे हैं। भारतीय वाचिक परंपरा की इन उपलब्धियों का संहिता कल्प अत्यंत अल्प रूप में हुआ है। क्योंकि प्राचीन काल में विधाएँ श्रुति-स्मृति परंपरा में थीं तथा वेदों में संहिताकाव्य तथा अन्य वाङ्मय के बाद जो पोथियाँ लिखी गईं, उनमें से बहुत कुछ मीर कासिम जैसे आक्रमणकारियों द्वारा नालंदा, तक्षशिला आदि पुस्तकाव्यों को अग्नि को समर्पित कर देने से स्वाहा हो गईं। अनेक विदेशी संस्थानों ने, जिसमें औषणि निर्माता 'वेलकम ग्रुप' भी है, अन्य देशों से पांडुलिपियाँ एकत्र करके, उनके भैषजीय सूत्रों से दवाइयाँ बनाईं। ऐसे ग्रंथों, पांडुलिपियों आदि का देश-विदेश से सर्वेक्षण-संकलन कराकर उनका आख्यान तथा उपयोग भारतीय मनीषा को पुनर्स्थापित कर सकता है। इसके कॉपीराइट तथा 'बौद्धिक संपदा अधिकार' के विधिक प्रावधानों की जटिलता

को भी समझना पड़ेगा। इससे भारत की अनेक समस्याओं तथा चुनौतियों का समाधान कला-स्वरूपों के माध्यम से संभव है।

काव्य तथा संगीत की कला संपदा के ध्वन्यांकन तथा श्रुतिलेखन अत्याधुनिक उपकरणों से ही संभव है। चीन तथा रूस यह वर्ष 1940-50 के पूर्व ही यह कार्य प्राकृतिक अवस्था में कर चुके हैं।

भारतीय मनीषा, शोध तथा कलाओं के माध्यम से यहाँ की विराटता, विविधता, संस्कारमयता और संपूर्णता के साथ अभिव्यक्त करनेवाली इस सामग्री से, हमारी ऊर्जा के बिखरे कणों से मानवता की सेवा संभव है। कविवर जयशंकर 'प्रसाद' के शब्दों में—

'विश्व के विद्युत्कण जो व्यहत
विकल बिखरे हैं, हो निरुपाय।
समन्वय उनका करें समस्त
विजयिनी मानवता हो जाए।'